生命科学实验指导系列教材

植物学实验指导

曹建国　戴锡玲　王全喜　编著

科学出版社
北京

内 容 简 介

本书可作为高等师范院校新世纪教材《植物学》的配套教材。全书内容分植物学基本实验技术和植物学实验两部分，基本实验技术部分详细介绍了显微镜及其操作技术，常用的植物制片技术，生物绘图技术，植物材料的采集、培养和保存等内容；实验部分共设计了23个实验，包括18个基础性实验，5个综合性、研究性实验。本书还附有植物学实验常用仪器和实验试剂的配制方法。

本书可供高等院校生命科学相关专业学生使用，也可作为教师参考用书。

图书在版编目(CIP)数据

植物学实验指导/曹建国，戴锡玲，王全喜编著.
—北京：科学出版社，2012.9
生命科学实验指导系列教材
ISBN 978-7-03-035153-1

Ⅰ.①植… Ⅱ.①曹… ②戴… ③王… Ⅲ.①植物学-实验-高等学校-教学参考资料 Ⅳ.①Q94-33

中国版本图书馆CIP数据核字(2012)第162058号

责任编辑：朱 灵 封 婷/责任校对：刘珊珊
责任印制：刘 学/封面设计：殷 靓

科学出版社 出版
北京东黄城根北街16号
邮政编码：100717
http://www.sciencep.com
广东虎彩云印刷有限公司印刷
科学出版社发行 各地新华书店经销

*

2012年9月第 一 版 开本：787×1092 1/16
2025年1月第十六次印刷 印张：8 1/2 插页：2
字数：179 000
定价：59.00元

前　言

Preface

植物学是生物科学中的一门基础课程，植物学实验也是生物学专业的一门基础性实验课程，开好植物学实验对传授专业知识、培养学习兴趣、提高实验技能具有重要的意义。传统的植物学实验强调验证和巩固课堂教学所获得的理论知识，忽视了对学生基本能力的培养和学习兴趣的激发，不利于提高学生的独立分析和综合研究能力。为此，我们在多年教学实践的基础上，对植物学实验进行了改革，编写了本实验指导。

本书在参考多种植物学教材和实验指导的基础上，依据上海师范大学新修订的《植物学实验教学大纲》的要求，结合本地区自然状况及我校教学的实际情况，并总结了我们多年来的教学和科研经验编写而成。

本书的实验设计分为植物学基本实验技术和植物学实验两大部分，前一部分重点介绍显微镜操作和使用、制片技术、绘图技术、植物材料培养等基本实验技术；后一部分又可分为基本技能实验、观察验证性实验、研究性实验和综合性实验四种类型。基本技能实验侧重于培养学生的基本实验技能，如显微镜的使用，绘图，植物切片的制作、检索表的编制等，该类型实验通常与观察验证性实验相结合，但侧重点有所不同。观察验证性实验主要侧重于培养学生的理论和实践相结合的能力，使学生能够把理论上学到的知识通过实践的方法加以验证。研究性实验主要培养学生进行科学研究的能力，针对某一问题进行实验设计，得出研究成果，并提交研究报告。综合性实验是综合运用所学的知识进行问题的总结和分析，设计研究课题，进行科学研究或调查，得出研究结果，并进行讨论和分析，主要培养学生的综合研究能力。

全书共设计了 23 个实验，每次实验 2～3 学时，由于实验数量较多，教师可根据实际情况进行选择或合并。

因编者水平有限，纰漏和错误在所难免，请专家、老师和同学批评指正。

编者

2012 年 6 月

Contents

目　录

植　物　学　实　验　指　导

第一部分

植物学基本实验技术

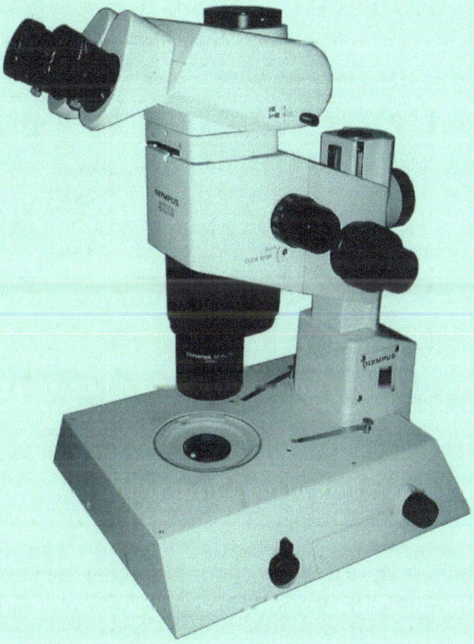

1 光学显微镜及其操作技术

1.1 光学显微镜的基本结构和成像原理

1.1.1 普通光学显微镜的基本结构

普通生物用光学显微镜按照结构和功能可分为两大系统，即机械装置和光学系统（图 1.1）。

1. 机械装置

镜座：位于显微镜的底部，用来支持显微镜的其他部分，稳定镜身。

镜臂：连接镜座和其他部分的结构，也是用手握镜的部位。

载物台：放置载玻片或标本的平台。中央有通光孔；高级显微镜的载物台上通常安装有载玻片推进器，可使载玻片或标本前后左右移动。

镜筒：上端装目镜，下端有转换器，在转换器上装有物镜。

物镜转换器：位于镜筒下端，圆盘状，上面通常有 5 个圆孔，用于安装物镜。

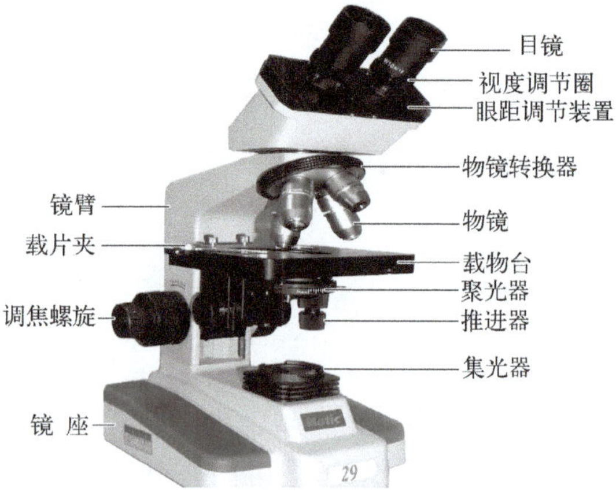

图 1.1 普通光学显微镜的基本构造

调焦螺旋：分为粗调焦螺旋和细调焦螺旋，转动粗调焦螺旋时载物台升降的幅度大，用于低倍物镜调焦时使用；转动细调焦螺旋时载物台（或镜筒）升降的幅度小，用于高倍物镜调焦时使用。

眼距调节装置：为调节两个目镜之间距离的装置，不同类型显微镜有所不同。

视度调节装置：为适应观察者两眼不同的视度，在目镜的基部有一个调节圈，通过调节该装置可以使观察者两眼都能清晰地观察到物像。

2. 光学系统

光源和集光器：高级生物光学显微镜，自身都配备了集光器，内有电光源，可通过调节电流的强弱来调节光线的强弱。有些光学显微镜在集光器上方还装有视场光阑，用来调节视野的大小。

聚光器：该装置置于光源和载物台之间，高级光学显微镜聚光器内具有孔径光阑，也称为虹彩光圈，简称光圈，光圈可用来调节光线的强弱，大光圈，光线强，视野亮；小光圈，光线弱，视野暗。

物镜：是显微镜最重要的光学部件，安装在物镜转换器上，规格通常有 4 倍（4×）、10

倍(10×)、20 倍(20×)、40 倍(40×)和 100 倍(100×),其中 100×的为油镜,使用时物镜与盖玻片之间要加香柏油,以提高分辨率。物镜上的数字表示镜头的主要性能参数,如 10 倍镜头上的数字有:"10/0.25"和"160/0.17"。它们的含义是:"10"表示放大倍数,"0.25"表示镜口率(或称数值孔径,numeric aperture,数值越大分辨率越高);"160"为镜筒长度(mm),"0.17"为所要求的盖玻片厚度。物镜的齐焦:当用某一倍率的物镜观察图像清晰后,再转换另一倍率的物镜时,其成像应基本清晰,即齐焦。物镜的合轴:物镜转换时,像的中心应在视野中央允许的范围内,即合轴。齐焦性能的优劣和合轴的程度是显微镜质量好坏的重要标志。由齐焦可知,当用低倍物镜观察清晰后,换用高倍物镜观察时,只需调节细调焦螺旋即可。由合轴可知,在低倍镜找到目标后,要将其置于视野中央,换高倍镜观察时,观察对象仍然在视野中央。

目镜:装在镜筒的上端,规格通常 10×、16×等。

1.1.2 显微镜的成像原理

显微镜的工作原理主要是根据透镜的成像原理进行设计制作的,即当物距 $2f > u > f$,成倒立的放大的实像;当物距 $u < f$,成正立的放大的虚像。要放大的物体位于物镜的前方 2 倍焦距和焦距之间,经过物镜的放大作用在目镜的焦点之内形成一个放大的倒置的实像,这个实像在目镜的同侧形成一个放大的虚像(图 1.2)。

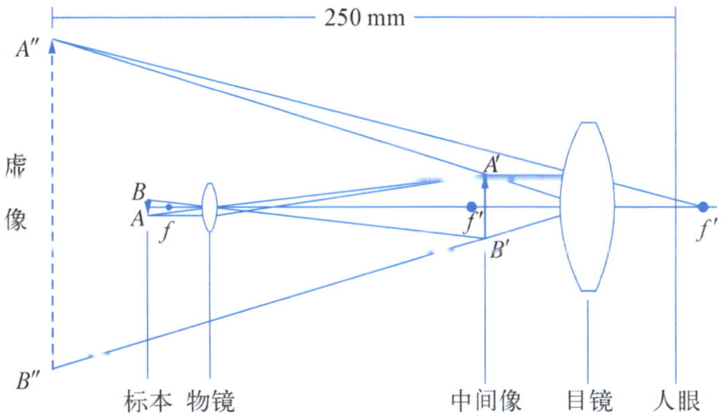

图 1.2 显微镜的工作原理

通过物镜、目镜等光学器件构成放大光路,使所得虚像 $A''B''$ 的距离恰好等于人眼的明视距离——250 mm,获得将标本放大的虚像。当物体物距为 252 mm 时,在视网膜上成的像最清晰,我们称该距离为"明视距离"。

1.2 常用光学显微镜的种类

1.2.1 明视野显微镜

明视野显微镜(bright field microscope)也叫明视场显微镜,是生物学领域最常用的显微镜。明视野显微镜不对光的性质作任何改变,只能通过调节焦距、聚光器位置和孔径光阑来调节物像的清晰度,标本通常需要染色方能观察清楚。

1.2.2 暗视野显微镜

暗视野显微镜(dark field microscope)是根据丁达尔(John Tyndall)效应设计的。原理是在暗的环境中微小的颗粒容易发生光的散射和衍射而呈现出明亮的结构。在暗视野显微镜的聚光器中央有遮光板(dark-field stop),其边缘有一狭缝,它能使照明光线不直接进入物镜,只能通过狭缝斜向照射到被检物体上,被照射标本的表面产生散射和衍射光进入镜头后,成为映衬在黑色背景下的明亮图像(图 1.3)。利用这种显微镜能观察到小至 4~200 nm 的微粒子,分辨率比明视野显微镜高 50 倍左右。但用这种方法观察标本时,只能观察到物体的存在与否、运动及外部形态,很难分辨出内部的细微结构。使用暗视野显微镜时要注意光轴调节,保证载玻片和盖玻片无瑕疵和灰尘,物镜镜头也必须干净。

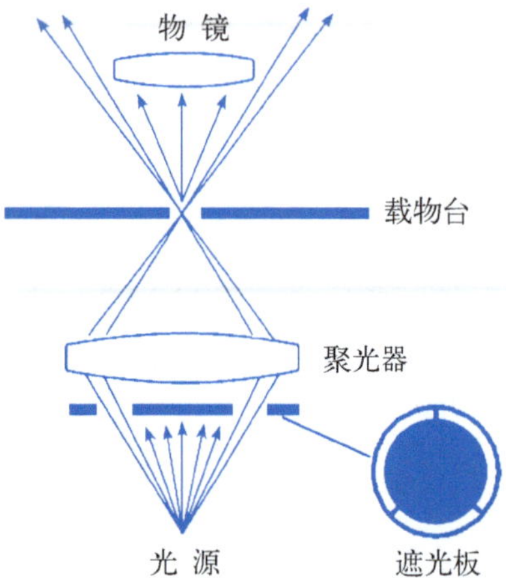

图 1.3 暗视野照明方式

1.2.3 相差显微镜

相位差是指两个波的相位之差,光在传播过程中也存在相位和相位差。当光波经过小颗粒物质时会产生光的衍射现象,产生了直射光和衍射光,两者之间也存在着相位差,当两者在传播过程中相遇时会发生光的干涉现象,如果直射光和衍射光的相位相同,光的振幅增大,亮度增大;如果直射光和衍射光的相位相反,光的振幅减小,亮度降低。这样,由于直射光和衍射光的相位不同而导致光的振幅不同,从而形成视野中的亮区和暗区,使标本反差增大,易于观察,这就是相差显微镜的光学原理。

在普通显微镜中也存在着直射光和衍射光,为了使直射光和衍射光的相位达到重合或者使两者的相位相反,即可达到正干涉和负干涉的目的。相差显微镜在构造上增加了环形光阑和相位板两个特别的组件。环形光阑(annular diaphragm),位于光源与聚光器之间,作用是使透过聚光器的光线形成空心光锥,聚焦到标本上,能够使标本产生直射光和衍射光。相位板(phase plate),位于物镜内,相板可以分为两部分,圆形相位板的周围是共轭面,可通过直射光,中间是补偿面,可通过衍射光。相位板涂有氟化镁,可将直射光或衍射光的相位推迟 1/4 λ,使两者的相位相同或相反,从而达到干涉的目的,形成明显的相差(图 1.4)。

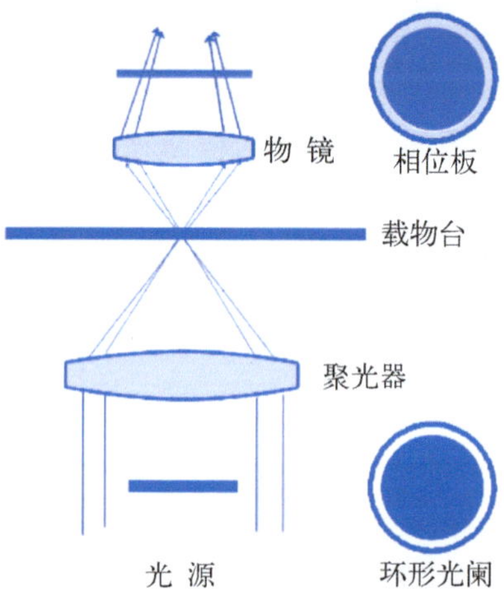

图 1.4 相差显微镜照明原理

1.2.4 微分干涉差显微镜

微分干涉差显微镜(differential interference contrast microscope,DIC)又称DIC显微镜。也是利用标本的折射率不同把光的相位偏移(phase shift)转换成可被检测的振幅差。与相差显微镜不同之处是DIC显微镜利用偏光干涉的原理制造,技术要复杂得多。构成DIC显微镜光学组件有:偏振器(polarizer)、DIC棱镜、DIC滑行器和检偏器(analyzer)。

1.2.5 荧光显微镜

荧光显微镜(fluorescence microscope)是根据"光化荧光"原理而设计制造的显微镜。引起荧光最有效的光是近紫外光区的紫外光,其波长范围为320～400 nm。荧光现象的实质是荧光物体吸收了短波光的能量,又以发光的形式产生波长较长的荧光,荧光的波长接近于红光的波长。荧光显微镜通常以紫外线为光源照射被检物体使其发射出荧光。

1.2.6 倒置显微镜

倒置显微镜(inverted microscope)是将普通显微镜的物镜与照明系统颠倒,照明系统在载物台上方,物镜在载物台之下。倒置显微镜用于组织培养、细胞离体培养、显微操作等方面。它要求物镜和聚光镜的工作距离较长,以便能直接对培养皿中物体直接观察。一般显微镜的40×物镜的工作距离大约在0.6 mm,而倒置显微镜40×物镜的工作距离可以达到7.4 mm。倒置显微镜的聚光器工作距离可达到55 mm,使用起来很方便。

进入20世纪80年代以来,光学显微镜的设计和制作又有了很大的发展,其发展趋势主要表现在注重实用性和多功能性。在装配设计上趋于采用组合方式,如高级的显微镜集普通光镜、相差、荧光、暗视野、微分干涉、摄影等装置于一体,从而操作灵活,使用方便。

1.2.7 激光共聚焦显微镜

激光共聚焦显微镜(laser confocal scanning microscope)用激光作扫描光源,逐点、逐行地快速扫描成像,扫描的激光与荧光收集共用一个物镜,物镜的焦点即是扫描激光的聚焦点,也是瞬时成像的物点。由于激光束的波长较短,光束很细,所以激光共聚焦扫描显微镜有较高的分辨力,大约是普通光学显微镜的3倍。系统经一次调焦,扫描限制在样品的一个平面内。调焦深度不一样时,就可以获得样品不同深度层次的图像,这些图像信息都存储于计算机内,通过计算机分析和模拟,就能显示细胞样品的立体结构。激光共聚焦扫描显微镜既可以用于观察细胞形态,也可以用于细胞内生化成分的定量分析、光密度统计以及细胞形态的测量。

1.2.8 实体显微镜

实体显微镜(stereo microscope)又称为体视显微镜、解剖镜等,它是一种具有正像立体感的显微镜。这类显微镜的放大倍数较小,可在较大的视野范围内观察标本,并且观察到的像为正像,与人眼视觉效果相同,故被广泛地应用于生物学各领域。

实体显微镜的机械部分由镜座、镜臂、镜筒、调焦螺旋等部分构成。实体显微镜的光学系统包括初级物镜、中间变焦镜、转换棱镜和目镜等。其原理是由一个共用的初级物镜对标本成像后，光束被两组中间变焦镜(或称中间物镜)分开，两组中间物镜的观察角度不同，它们之间的夹角称为体视角，一般为12°～15°，最后光线再经各自的目镜成像，因此所成的像具有三维立体感。也有的实体显微镜是由两个单镜筒显微镜并列放置组成，两个镜筒的光轴构成的夹角相当于人们用双目观察一个物体时所形成的视角，因此，观察到图像具有立体感(图1.5)。

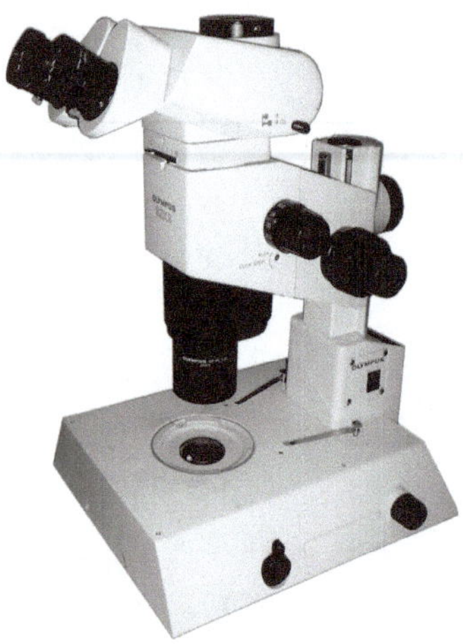

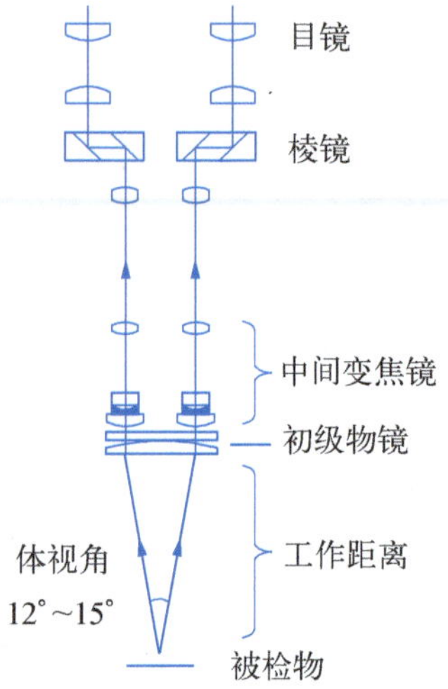

图1.5 实体显微镜及其原理示意图

现代的实体显微镜制作精度越来越高，放大倍率也越来越大，并且可根据实际的需要选配丰富的附件，如放大倍率更高的目镜和辅助物镜等。有的实体显微镜还可通过相机接口与数码相机、摄像头等电子设备相连接，接入计算机进行分析和处理。照明系统也有反射光、透射光照明；光源有卤素灯、环形灯、荧光灯、冷光源等。实体显微镜所具有的这些优点使它在工业生产和科学研究领域具有广泛的应用，比如在工业中用于微小零件和集成电路的观测、装配、检查等；在生物、医学领域用于标本观察、切片操作、显微外科手术等。

1.3 显微测量技术

显微测量是在显微镜下测量生物体细胞或组织结构的大小的方法。显微测量是用显微量尺来测定材料大小的，显微量尺由目微尺(目镜量尺)和台微尺(载物台量尺)两部分构成。

目微尺：为一圆形玻片，中央长1 cm的部分有极为精确的平行刻度(50格或120格)。

台微尺：为一块特别的载玻片，中央装有圆形盖玻片，其上也刻有精细刻度，通常为1 mm，精确等分为100格，每格等于1%mm，即10 μm(微米)。

在测量标本前，必须分别计算好目微尺在4×、10×、20×、40×和100×(油镜)下每格代表的长度值。

方法如下：取下接目镜，卸下目镜透镜，把目微尺放入接目镜镜筒内光阑上，再装上接目镜。在视野中可看到刻度，每隔 10 格有一阿拉伯字母，如 10、20、30…… 100。注意字母是正面还是反面，如为反面，则取出目微尺翻转后再放入，即成为正面。

将台微尺放置于载物台上，在 4× 物镜下进行观察，将台微尺刻度调节到视野中央，再旋转目镜或移动台微尺，使目微尺和台微尺的刻度平行重合，移动台微尺，使台微尺的 0 点刻度线和目微尺的 0 点刻度线重合，再找目微尺的刻度线和台微尺主刻度线在其他小格刻度重合的地方，看目微尺和台微尺各有多少格，即可计算出目微尺的格值：

$$目微尺的格值=台微尺格数\times 10\ \mu m/目微尺格数$$

例如，当我们把台微尺的 0 点和目微尺的 0 点在视野中重合时，发现台微尺第 9 格的刻度线和目微尺的第 5 格的刻度线重合(图 1.6)，则可算出目微尺每一格的长度为 $9\times 10\ \mu m/5=18\ \mu m$。即在此接目镜与接物镜的放大倍数下目微尺每格为 18 μm。同理，可测出 10×、20×、40× 和100× 下目微尺每格代表的长度值，然后就可移去台微尺，换上准备观察的材料，则可根据目微尺的格值计算出标本的大小。

图 1.6 显微镜下的台微尺和目微尺

2 常用的植物制片技术

制片是观察植物内部形态结构的主要方法之一，植物学实验常用的有临时封片、徒手切片、石蜡切片、整体封固、组织离析技术、压片等制片技术和整体透明技术。

2.1 临时封片和徒手切片

2.1.1 临时封片

无论何种植物材料均需做成装片置于显微镜下观察，临时封片是观察植物材料内部结构的简易方法，其特点是容易制作，原色观察和方便简洁，临时封片尤其适合观察活体材料。制作临时封片的基本方法是：① 准备好载玻片、盖玻片，擦拭时要小心，以免弄碎玻片；② 在载玻片的中央滴一滴蒸馏水，用镊子夹取或解剖针挑取植物材料置于水滴上，并使材料展开或分散均匀，充分浸润水分，同时要避免产生气泡；③ 盖上盖玻片。方法是用镊子夹住盖玻片的一边，另一边用解剖针抵住，并与水滴的边缘接触，然后慢慢放下盖玻片，这样可避免混入气泡，如盖玻片下水分不足，可在盖玻片边缘适量添加水分，如盖玻片下水分过多，可用吸水纸吸掉多余的水。做好的封片可直接放在显微镜下观察，如制作的植物材料较薄，可适当调整显微镜光圈，增大反差，以便观察清楚。

2.1.2 徒手切片法

徒手切片法是研究植物结构的最常用的一种制片方法，它不需要使用任何机械设备，只需用双手操作，简单快捷，易于掌握。

1. 徒手切片的用具

双面刀片，选择质量好的刀片对获得高质量的切片非常重要；培养皿，用来盛装水；载玻片和盖玻片，用于制作临时封片；其他工具包括：毛笔、解剖针、镊子等；植物材料，选择的实验材料需要有代表性，软硬适当，便于切片。

2. 徒手切片的方法和过程

传统方法：用左手拇指和食指捏住材料，材料略高出拇指指尖，以免切时伤及手指。右手握住刀片，材料和刀片浸润水分以减少摩擦，切割时用臂力带动刀片自左前方向右后方做水平切割移动。切下多数切片后，用湿毛笔将切下的薄片转移到盛水的培养皿中，从中挑选薄而透明的切片，放在载玻片的水滴中，加上盖玻片制成临时制片即可进行观察。

切菜法：在徒手切片实践过程中，我们发现传统徒手切片技术并不容易获得良好的切片效果。而改用切菜法很容易获得良好的切片，具体操作方法为：① 准备一个稍大的培养皿，里面盛装 1/2 的水分；② 准备适当大小的材料，如 1～2 cm 的植物茎、根、叶片等，置于盛有水的培养皿内；③ 左手食指和拇指按住材料使材料固定；④ 右手握住双面刀片，以切菜的方式垂直切取材料数片，切片可直接浸润于水中；⑤ 用解剖针捞取透明的切片，放在载玻片的水滴中，加上盖玻片制成临时装片进行观察。切菜法的优点是容易获得薄的切片，切片不受材料硬度影响，稍柔软或坚硬的材料均可用此法切片。

3. 材料种类对徒手切片的影响

硬度适中的材料，如芹菜叶柄、空心莲子草的茎等可直接进行徒手切片；过于柔软的材料可置于胡萝卜、马铃薯等支持物内再行切片；过于坚硬的材料可经软化剂(50%乙醇＋甘油＝1∶1)软化后再进行切片。

2.2 石蜡切片

石蜡切片技术是一项传统的生物制片技术，至今已有一百多年的历史，现广泛应用于植物学教学和各种科学研究中。制作石蜡切片的主要过程包括：① 取材；② 固定；③ 脱水；④ 包埋；⑤ 切片；⑥ 染色；⑦ 封固。

2.2.1 石蜡切片所需的药品和仪器

固定剂：用于植物材料固定所需的药品通常有乙醇、福尔马林、醋酸、苦味酸、铬酸、重铬酸钾、氯化汞、氯仿、锇酸等。

脱水剂：常使用乙醇(95%和 100%的乙醇)。

透明剂：常使用二甲苯。

包埋剂：常使用石蜡。

粘片剂：明胶。

封固剂：加拿大树胶。

仪器及用具：切片机、烘箱、恒温箱、恒温台、染色缸、烧杯、玻璃棒、毛笔，载玻片、盖玻片等。

2.2.2 石蜡切片主要过程

1. 取材

根据研究的目的，决定取材的部位。取材时要考虑切片的方向和定位，如植物的根、茎、叶横切可观察到整体结构，纵切可观察导管和筛管结构；花药常用横切；子房横切可观察胎座着生位置、胚珠着生方式等，纵切可观察胚珠、胚囊、心皮、花柱、柱头的构造，尤其是胚囊中细胞的排列，花柱中花粉管的伸长等。

2. 固定

固定是用固定液(多种化学药剂配制而成)浸渍新鲜材料，迅速杀死或沉淀细胞中的生活物质，终止细胞的一切代谢过程。常用的固定剂包括：卡诺(Carnoy)固定液，配方为无水乙醇(或 95%) 75 ml＋冰醋酸 25 ml，此固定液穿透速度非常快、固定力强，对细胞核固定效果良好。福尔马林—醋酸—乙醇混合固定液(FAA)，配方为福尔马林 10 ml，冰醋酸 5 ml，95%乙醇 85 ml，这种混合固定液通常简称“FAA”固定液，固定时间在 6 h 以上即可达到良好的固定效果。固定剂用量一般为固定材料体积的 10～15 倍。具有表皮毛的材料，可先用卡诺固定液固定10～15 min,然后转入其他固定液固定。较大的材料固定时应先抽气。

3. 脱水

乙醇是石蜡切片最常用的脱水剂,它可与水在任何比例下相混合,乙醇的脱水能力比较强,又能硬化组织,由于乙醇对组织会有明显的收缩作用,因此在以乙醇作为脱水剂时,应该先从较低浓度的乙醇开始,逐渐递增其浓度,这样可避免组织快速收缩,发生变形。第一级乙醇浓度随固定剂中乙醇浓度而定,如常规FAA固定,可从70%乙醇开始,再经80%,95%以至无水乙醇。Carnoy固定,材料经过70%,80%,90%,95%,以至无水乙醇的脱水程序,即可达到脱水的要求。乙醇脱水时间依材料大小而定,如材料小于2 mm^3,每级2～3 h脱水一次;切片脱水通常间隔5 min。

4. 透明

由于常用的脱水剂乙醇不能与石蜡混溶,因此必须使用一种既能与乙醇又能与石蜡相混溶的媒剂,把组织中的乙醇取代出来,二甲苯就是这样一种媒剂,它既能与乙醇混溶,又能与石蜡混溶。使用二甲苯替代乙醇时,可发现组织材料的折光性改变,呈透明状态,因此称为透明,这种媒剂就称为透明剂。透明时间的长短因组织的大小而异,最好先投入乙醇和二甲苯等量混合液30 min,再入纯二甲苯,并更换一次纯二甲苯,待组织完全透明后进行浸蜡,一般需要30 min以上。

5. 浸蜡

组织材料经二甲苯的透明作用之后,移入融化的石蜡内浸渍,石蜡逐渐浸入组织间隙,取代透明剂,这一程序就叫浸蜡。浸蜡需要根据所用石蜡的熔点来定,在温箱内进行,其主要过程如下:

二甲苯				
↓ 二甲苯+碎蜡(3∶1)	45℃温箱	4 h	可过夜或2 d	
↓ 二甲苯+碎蜡(2∶1)	45℃温箱	4 h	可过夜或2 d	二甲苯的量为材料的2倍
↓ 二甲苯+碎蜡(1∶1)	45℃温箱	4 h		
↓ 上面的混合物	60℃温箱	4 h	开盖让透明剂尽量挥发净	
↓ 纯石蜡Ⅰ、Ⅱ、Ⅲ	60℃温箱	各4 h		

6. 包埋

包埋,就是将已经浸蜡的组织材料从蜡浴取出,置入充满熔融状态石蜡的纸盒内或包埋板内包埋成块,使组织和包埋剂相熔一体并迅速冷却,以便获得石蜡块,这个程序称为包埋。

7. 修块和切片

包埋的材料经冷却后获得包埋板,首先要将包埋的材料分割成块,每块含有一个植物样品。取一块分割好的石蜡块,将材料粘贴在事先准备好的木块上,这样可方便修块和切片。蜡块整修的目的是将包埋的材料暴露于蜡块上表面，修整蜡块时只能一点一点地切掉蜡边，否则会使蜡块断裂露出组织，最终修好的蜡块应为基座较宽，上部较狭的梯形，蜡块上表面应为方形或梯形。

将修好后的蜡块固定于切片机头上的夹座内，调整到稍离开切片刀能够切到的位置上，以免误切使材料损坏。接下来是对刀，即使材料接近刀口，注意蜡块组织切面与切片刀口要垂直平行，对刀要细心，调整蜡块组织切面恰好与刀口接触，旋紧刀架，固定好机头。先粗修切片，然后连续切片，实践中可用右手转动切片机手轮，左手用毛笔托起蜡片，协调地进行切片操作。切下的切片带，一端用镊子轻轻拉起，尽可能将切片带拉直展开，用毛笔将切片带从刀口向上挑起，拉下切片带，然后轻拖铺于蜡片盒中保存。

8. 粘片

是将切好的蜡带粘贴到载玻片上的过程。首先将预先洗干净并干燥的载玻片涂上明胶粘贴剂，反复涂匀，载玻片置于43℃温台上，在载玻片上添加水分。用镊子截取部分蜡带，夹住蜡带的一边，将蜡带铺于载玻片恒温水中，注意蜡带光亮的一面应朝下，立即用毛笔轻轻拉展以切片无皱褶为最好。待切片在恒温水内充分摊开展平后，将载玻片多余的水吸掉，在玻片上仍有少量水时，用毛笔拨正切片位置。用铅笔在载玻片一端的毛玻璃上写上标本编号，字迹要清楚、明确。将附贴好的切片置于45℃温箱中干燥2 d，使蜡带与载玻片结合牢固，才可进行脱蜡染色；或置于60℃恒温箱内干燥2 h，蛋白质凝固后即可进行染色。

9. 脱蜡与染色

脱蜡是将切片上的石蜡溶解去除，以便对材料进行染色，染色是使不同组织或细胞不同部位着色，产生不同的折光率，使内部结构更清晰，便于观察。

脱蜡与染色的具体步骤如下：

脱蜡：将切片置于纯二甲苯溶液中经二甲苯Ⅰ，二甲苯Ⅱ，二甲苯Ⅲ三次脱蜡，每步5 min，可将切片上的石蜡彻底脱除。

过渡：二甲苯 ＋ 乙醇(1∶1)，时间约5 min。

复水：无水乙醇Ⅰ,无水乙醇Ⅱ,95％,85％,70％,50％乙醇，蒸馏水，每步5 min。

番红染色：置于0.5％～1％番红水溶液染色2～24 h。

脱水：依次用30％、50％和70％的乙醇溶液脱水，每步20 min。

固绿复染：用0.1％固绿的95％乙醇溶液复染10～40 s。

继续脱水：用95％和100％的乙醇脱水。

透明：用无水乙醇和二甲苯混合液处理5 min，用纯二甲苯透明处理5 min。

10. 封片

切片需要用盖玻片封固方能进行观察，石蜡切片常用中性树胶、大马树脂及人工树脂等封片。其中中性树胶是很好的封固剂，折光率为1.52，与玻璃折射率相同，很薄一层时几乎是完全透明。配制中性树胶可将二甲苯调和到刚形成拉滴状，放到玻璃瓶中备用，封固时取一滴中性树胶滴在材料上，封固后的切片可在45°的温箱中干燥。

2.3 整体封固制片

整体封固法制片是植物学实验中常用的一种制片技术，它适用于微小的植物材料，如丝状或叶状的藻类、蕨类植物的原叶体、苔藓植物的原丝体、芽体、茎叶体等；整体封固也适用于种子植物的叶表皮、花粉粒、幼胚等器官的制片。其特点是不需经过切片，就可以在显微镜下直接观察植物材料。整体封固法因所用的脱水剂、透明剂、封固剂不同而有多种方法。

2.3.1 常规整体封固法

这里以蕨类植物配子体为例介绍常规整体封片技术：收集蕨类植物不同阶段配子体，置于FAA固定液中固定数小时，然后放入70%乙醇中保存备用。也可收集新鲜的配子体材料，放入1%的番红水溶液中1 h，进行乙醇系列脱水（30%，50%，70%，85%），85%乙醇时放入固绿中染色几秒钟，继续乙醇脱水（95%，100%），每级1～2 min，脱水后放入二甲苯中透明，最后用加拿大树胶封片。

2.3.2 甘油整体封固法

甘油法是利用甘油脱水和透明，并封固于甘油中，方法简单并可保持植物的自然色泽。对于制作含有色素的材料（如绿藻）效果较好，必要时还可以进行染色。这里以藻类植物水绵为例分别介绍不染色的和染色的整体封固制片技术。

1. 不染色封片

材料采集和处理：采集新鲜水绵，取水绵丝状体放在培养皿中，加10%甘油，盖上滤纸以防灰尘降落于其上，把培养皿放于较温暖的地方，让它慢慢蒸发至纯甘油浓度，这样甘油就逐渐取代材料中的水分，最终使材料透明。

装片制作和封固：用镊子取少许透明好的水绵，放在载玻片中央，将材料展开，在显微镜下检查，如果材料无收缩或变质，可以继续进行封固操作，即在材料上滴加一小滴纯甘油，将丝状体分散开，盖上盖玻片。封片时如果甘油多到从盖玻片边缘溢出，则会影响下一步封固，此时可将盖玻片移开，用滴管将多余的甘油吸掉，重新加盖玻片，最后用较稠的加拿大树胶沿盖玻片四周封边。

2. 染色的封片

采集新鲜水绵置于离心管中，加入铬酸—醋酸弱固定液固定12～24 h（铬酸—醋酸固定液详见附录3）。

将材料放在培养皿中，用自来水冲洗5～6次，然后用蒸馏水洗一次。

把材料移入离心管中加1%曙红水溶液染色约12 h，或用铁矾—苏木精染色。

用蒸馏水把多余染料洗去，在显微镜下观察，如果染色不够，可重复染色；如果染色过度，则可放在1%～2%的醋酸溶液中分色至合适的程度。

把材料放在培养皿中，加10%甘油，盖上滤纸，按前述的方法进行装片制作和封固。

甘油法操作时要注意：① 材料不宜放在温度过高的地方，否则水分蒸发速度太快，导致材料收缩。② 加入10%的甘油用量不能少于材料体积的10倍，这样在蒸发至纯甘油浓度时仍能保证甘油浸润材料。③ 封片时，不宜放置材料太多，并注意将丝状体分开，避免材料重叠，影响观察效果。

3. 甘油冻胶封固

对于不易收缩的材料，如植物花粉粒制片可用此方法。其特点是操作方便，易于制作装片，方法是把配好的甘油冻胶（配方为明胶 5 g，甘油 35 ml，苯酚 0.5%1 g，蒸馏水 30 ml）用热水浴使之溶化，在载玻片上滴加一小滴甘油冻胶，用镊子取下花的雄蕊，把少量花粉粒撒在甘油冻胶上，然后加盖玻片封固。如果对观察效果不满意，还可把制作好的封片在酒精灯上微热，使甘油冻胶熔化，用手轻轻移动盖玻片，使花粉粒在冻胶中转动，更容易观察到花粉粒的不同面的形态。

2.4 组织离析制片

为了能够观察单个植物细胞的形态特征，常用一些化学药品配成离析液，使细胞间的胞间层溶解，细胞彼此分离，获得分散、单个的完整细胞用于显微观察。常用的离析方法包括：

2.4.1 铬酸—硝酸离析法

此法最为常用，适用于木质化的组织，如导管、管胞、纤维、石细胞的解离，具体步骤如下：

将植物材料切成火柴杆粗细，长约 1 cm 的小段，放入小玻璃瓶中，加入离析液，其量约为材料的 10～20 倍，盖紧瓶塞，放在 40℃左右的温箱中，视材料不同，处理时间约为0.5～2 d。草本植物离析时可不必加温。

在离析的过程中，可取出少许材料，放在载玻片上的水滴中，加盖玻片，轻轻敲压，若材料分离表明浸渍时间已够，如果材料没有分散，可更换新的离析液处理至适合的程度。

倒去离析液，用清水浸洗已离析好的材料，直至没有任何黄色为止，转移至 70%乙醇中保存备用。需要时，可按临时装片法制片观察，亦可制成永久性的玻片标本。

2.4.2 盐酸—草酸铵离析法

上述方法适用于木化的组织，实验中我们也常常对薄壁组织离析，采用的离析液常为盐酸—草酸铵，该法较前面的方法缓和，适用于植物的薄壁组织，如叶肉细胞的离析。方法是先把材料切成火柴杆粗细，长约 1 cm 的小条，放入 70%或 90%乙醇（3 份）和浓盐酸（1 份）的解离液中，若材料有空气，应抽气，然后更换一次离析液。25 min 后用水清洗干净。放入 0.5%草酸铵水溶液中，时间的长短视材料的性质而定，可以每隔 1～2 d 检查一次，看材料是否容易分散，如材料没有分散，可更换新的离析液处理至适合的程度。

2.5 分生组织压片

压片法是将植物的分生组织器官，如根尖、茎尖、减数分裂时期的花药等经过组织离析后，使细胞之间相互分开，然后将材料染色，压在载玻片上，使组织成一薄层，然后进行观察的制片方法。压制的标本可作临时观察，也可以经过脱水、透明等过程制成永久的玻片标本。压片法主要用于有丝分裂和减数分裂时期染色体数目的检查。下面以制作植物根尖细胞有丝分裂的压片为例，介绍压片法的一般步骤。

2.5.1 根尖的培养

植物学实验常以洋葱为材料培养根尖，培养时将洋葱鳞茎上的老根清理干净，置于广口瓶上(或培养皿中)，瓶中盛满清水，使洋葱鳞茎盘浸入水中，置于温度在20～25℃的窗台，并注意每天换水，3～5 d后即可长出幼根。

2.5.2 取材、固定和离析

待根尖生长到1～2 cm长时，在上午10:00～11:00之间，此时根尖内处于分裂中期的分生细胞较多，可用剪刀将根尖0.5～1.0 cm长的部分取下放进玻璃瓶内，加入等量的浓盐酸和95%的乙醇配成混合液，这种溶液既能迅速杀死细胞并保持其细胞结构，同时又能溶解细胞间的中胶层，在压片时细胞易于分散，故称其为固定离析液。室温下经10～20 min处理，取出放入清水中漂洗几次即可制片。离析好的材料也可经过50%的乙醇后将其保存在70%乙醇中保存备用。

如果采集的材料不能马上离析，也可用卡诺固定液固定30～60 min，然后换入FAA固定液中保存。需要离析处理时，可用1 mol/L的盐酸，在37℃的水浴中保温1 h。

2.5.3 染色和压片

取1～2个已经离析好的根尖，放在干净的载玻片上，用解剖针轻轻将根尖压碎，滴加染色液进行染色，观察染色体常用的染料有醋酸洋红或龙胆紫染液，醋酸洋红染液染色5～10 min，0.5%的龙胆紫染液染色2 min即可，盖上盖玻片，覆盖一层滤纸，然后用拇指对准盖玻片下的材料，垂直均匀用力下压，将材料压成单层细胞的薄层，用吸水纸条吸去溢出的染液，即可在显微镜下观察，这时可以看到许多离散的各个分裂时期的细胞。若染色过浅，可在盖玻片一侧再加一滴染液染色使之继续染色；待染色体染好色后，可在盖玻片一侧加一滴45%的醋酸进行分色，退去细胞质的颜色，便于观察。

上述压片也可用蚕豆、小麦、水稻等种子萌发的根尖观察。如果要获得更多的分裂相，可用秋水仙素进行预处理和低温固定，所制得的压片中细胞分裂中期相会更多，且染色体清晰可见。

2.6 植物材料的整体透明技术

整体透明封片是使用透明剂将植物材料变为透明，以显示其内部结构的技术。植物组织或器官经过透明剂处理后，透光性增加，因不同组织的厚度和折射率的不同而呈现出不同的形态。整体透明技术常用于侧根的形成，柱头中花粉的萌发、受精作用和胚胎发育的研究。常用的透明剂有乳酸酚溶液和2%～10%的氢氧化钾溶液，前者适用于比较小而柔软的材料，后者则适用于稍大或稍硬的材料。用乳酸酚透明法制作蚕豆幼根整体透明封片的步骤如下。

2.6.1 幼根的培养

植物学实验常以蚕豆为材料培养幼根，观察侧根的发生，用35℃的温水浸泡蚕豆种子

12 h，将吸胀的种子用湿纱布包裹，置于玻璃器皿中，上面覆盖一层塑料薄膜以保持水分，大约 1 周后可用于观察侧根的发生。

2.6.2 取材和透明处理

剪取侧根仍未生出的主根置于载玻片上，加 1 滴乳酸酚溶液于材料上，将载玻片置于温台上或在酒精灯上稍稍加热，以便透明剂渗透而使材料变得透明。加热时注意掌握温度，用手触摸载玻片感觉到稍微发烫即可，若材料变干，可再滴加透明剂。

2.6.3 封片

轻轻盖上盖玻片，对较细的根尖材料，不必再在盖玻片上施加压力。若透明剂挥发过多，可适当添加乳酸酚溶液再封片。

除蚕豆外，水葫芦也是观察侧根发生较好的材料，处理的方法同上。若材料较硬，也可用氢氧化钾透明法，需将材料浸入盛有氢氧化钾溶液的小瓶中处理 30 min 至数小时。

3 生物绘图技术

植物学实验中常用绘图法记录植物形态结构，此外也可用照相法记录植物的形态结构。

1. 生物绘图的特点

生物绘图是形象描述生物外部形态和内部结构的一种重要的科学记录方法，通常用点线图的形式来描绘。它与艺术绘图有很大的不同，生物绘图具有以下基本特征：

生物绘图要具有科学性，能真实地反映生物的形态结构，不能缺失应具备的结构。

比例要正确，绘制各种器官的长短和大小一定要按照实物的比例进行绘制，避免出现比例失调的现象。

层次要分明，能正确地反映各个部位的明亮程度、颜色深浅或质地的疏密程度等。

2. 生物绘图的步骤

(1) 细心观察

绘图前要对观察的对象(植物细胞、组织、器官或外形等)进行细致的观察，对各部分的位置、比例、特征等有完整的认识，充分利用所学的理论知识，能将正常的结构与偶然的、人为造成的假象区分开。

(2) 起稿(勾画轮廓)

勾画轮廓的过程，要根据绘图纸的大小，绘图的数量，确定某个图在纸上的位置和大小，注意整体布局，避免图像过大或过小或偏斜，并注意留有引线和注字的位置。将绘图纸放在显微镜的右侧，左眼观察显微镜图像，右眼看绘图纸绘图。先用软铅笔(HB)绘草图，确定观察对象的轮廓和结构。

(3) 定稿(落实整形)

定稿是草图进行修正和补充，用硬铅笔(2H 或 3H)将全图绘出。要求用点线图表示生物的形态和结构，要求用线条表示轮廓和各部分的界限，线条要均匀、光滑，不可时粗时细，不可时深时浅或时虚时实。用圆点表示观察各部位的明暗或颜色深浅。即“点点衬阴法”，点密表示背光、凹陷或色彩重的部位；点疏表示向光、突出或色彩轻的部位；打点的方法是铅笔垂直向下打点，切忌采用艺术画的方法绘图。

(4) 标注名称

标注名称是用直线指明要标注的部位，标注相应的名称，一般可分为直接标注(直接写出各部分名称)和间接标注(先用 1、2、3…… 表示各个部分，然后在图的下方写出各标号的实际名称)。

引指示线时要注意：① 指示的部位要典型，具有代表性；② 指示线要尽量引向图的右侧；③ 要尽量避免指示线的迂回、交叉，以免混淆各部分结构。

(5) 核实绘图内容

用橡皮把轮廓线，虚线等轻轻擦掉，用纱布或脱脂棉除去碎屑，保持画面整洁。最后在图的下方写出本图名称(图 3.1)。

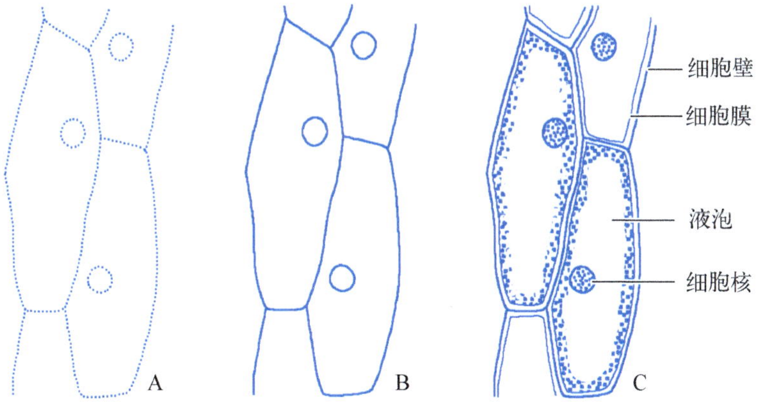

图 3.1 生物绘图过程示意(洋葱表皮细胞为例)

A. 勾画轮廓;B. 落实整形;C. 精确绘图和标注

4 植物实验材料的准备

4.1 种子植物实验材料的准备

4.1.1 种子植物新鲜材料的采集

多年的实践经验表明，植物学实验课中采用新鲜植物作为实验材料，其实验效果明显好于用保存液浸制的实验材料，因此，实验课中应尽量使用新鲜材料。实验课前我们可采集学校植物园、校园内的各种植物材料，也可到花鸟市场购买需要的实验材料，经过一定的保鲜处理，以便实验课上使用，表 4.1 是一些常见校园植物的花期和果实成熟期，可供采集实验材料参考。

表 4.1 校园常见植物的花期和果实成熟期

植物种名	花期（月）	果熟期（月）	植物种名	花期（月）	果熟期（月）
银 杏	4～5	10	草 莓	5～6	7～8
黑 松	4～5	翌年	苹 果	3～4	7～8
水 杉	2～3	10～11	桃 子	3～4	6～7
白玉兰	2～3	9～11	合 欢	6～7	8～9
紫玉兰	3～4	9～11	紫 荆	3～4	6～8
广玉兰	5～6	9～11	洋 槐	5	7～8
毛 茛	3～4	4～5	龙 葵	7～8	8～9
垂 柳	3～4	5	一串红	7～8	8～9
油 菜	4～5	5～6	小 麦	5	6
山茶花	2～3	5～6	水 稻	6～8	7～9
梅 花	2～3	5～6	木芙蓉	10～11	11～12
蔷 薇	5～6	7～8	菊 花	9～11	10～12

4.1.2 种子植物实验材料的保鲜

植物学实验与实验材料的成熟期往往不一致，因此，采集的植物材料往往需要进行一段时间保鲜处理。近年来，农业和园艺上发展了一些对鲜花和果蔬的保鲜方法，这些方法同样可应用于实验材料的保鲜以满足教学需要。

1. 植物花的保鲜

无论是单生花或花序上的花，如不是当日实验使用，可采集尚未完全开放的花。花枝采下应及时补充水分和养分。有些花如用3%的糖液处理能保鲜达一星期。每隔2～3 d，将花枝基部剪去1～2 cm，以除去腐烂部位，又可使切面无阻碍的吸收水分和养分。采用抑制乙烯激素的生物合成的试剂也是保鲜的关键，如$1\times10^{-4}\sim5\times10^{-4}$（体积比）的8-羟基喹啉有保鲜防腐作用；$0.5\times10^{-4}\sim5\times10^{-4}$（体积比）的硝酸银亦可延长花的保鲜时间。

2. 果实的保鲜

果实保鲜以成熟度七八成左右且无机械损伤的为好，保鲜方法有低温保鲜、常温保鲜和化学保鲜。

低温保鲜：常用冰箱储藏保鲜，将挑选的肉质果实经水洗、浸入5℃～8℃冷水中2～4 h，然后晾干，装入聚乙烯薄膜袋，放入温度在4℃～6℃的冰箱，第2天扎紧袋口，可贮藏20～25 d。若用防腐剂洗果，用冷风预冷，装入冰箱，能贮藏20～35 d。香蕉贮藏温度以13℃～15℃为好，低于12℃将产生冻害。

常温保鲜：用新洁尔灭或来苏尔消毒，置于阴凉、湿度较大、通风良好处，即可保鲜一段时间。

化学保鲜：果实成熟主要是由于乙烯作用引起的，高锰酸钾（$KMnO_4$）能将乙烯氧化成CO_2和H_2O。具体做法是将高锰酸钾配成饱和溶液，用活性炭、泡沫砖等浸透后作为高锰酸钾的载体，捞出晾干、密封保存备用。使用时再放入打孔的小薄膜塑料袋中，也可用纱布包成小包放在装有果实的塑料袋中，这样果实释放的乙烯将被吸附氧化，当高锰酸钾失效时，颜色会由原来的紫红色变成砖红色，此时应及时更换。保鲜时也要注意果实防腐，常用的化学防腐剂有苯来特、特克多、多菌灵、甲基托布津、抑霉唑、硼砂、碳酸氢钠、次氯酸钠、硫酸铜等，使用浓度为$5\times10^{-4}\sim1\times10^{-3}$（体积比）；用于防腐的洗果时间为2～4 min，熏果时间为18～24 h，也可把防腐剂加到果实包装袋中。经化学处理后，一般可放在室温下保存一段时间。

4.1.3 种子植物实验材料的固定和浸制保存

有些实验材料因实验安排不能使用新鲜材料，应当将实验材料固定和保存，方法是将采集的材料清洗后，直接放入5%～10%的福尔马林溶液中保存，材料与溶液的体积比以1∶3(5)为宜。

4.2 孢子植物实验材料的准备

孢子植物不如种子植物常见，提前准备实验材料尤显必要。有些孢子植物实验材料可通过采集和保存进行准备，有的则需要进行培养。

4.2.1 淡水藻类标本的采集和保存

淡水藻类包括浮游藻类和附生藻类，是藻类实验中的重要观察对象。浮游藻类可用浮游生物网在水体表层往复拖取，获得的浮游藻类材料放入塑料瓶中，现场加鲁哥氏液固定后，再加入福尔马林，使标本保存液的福尔马林浓度为4%，可长期保存，待实验课时可供观察。附着生长的藻类可用镊子在水生植物根部捞取枯死的部分，其上会附生许多淡水藻类，将捞取的材料放入塑料瓶中，加入福尔马林至4%溶液浓度，可长期保存，供观察使用。

4.2.2 大型海藻材料采集和标本制作

大型海藻包括海带、裙带菜、紫菜等海洋藻类，采集大型海藻时，要选择藻体完整和具有生殖器官的材料，可制成腊叶标本或液浸标本。

腊叶标本的制作：将采集来的标本用海水洗净后，放在标本纸上，再将标本纸放在托板上，用镊子将藻体展开，使其呈自然状态，藻体各部分一定要保持完整。然后慢慢将托板移离水面，滤掉滴水，将标本纸从托板上取下，放到吸水纸上，盖上一层纱布，再放上吸水纸反复吸水使标本尽快干燥，当标本纸放到一定厚度时，可用标本夹夹住，并施以适当的压力，以加快水分的吸收。每天换吸水纸1～2次。一般情况下，一周左右标本就可以完全干燥。将干燥好的标本粘贴于台纸上，其余作为副号，用旧报纸夹起来存放于通风干燥处。

液浸标本的制作：液浸标本主要供解剖研究用。制作时将标本放入合适的标本瓶中，加入福尔马林至固定液浓度达到5%。标本一般不超过固定液体积的2/3。瓶内、外贴上标签（采集号、日期、地点、采集者等信息），按号顺序排放，放入标本柜内保存。

大型海藻中海带是植物学实验常用的材料，我国自然生长的海带主要分布于辽东半岛和山东半岛海域，秋天可以采到有孢子囊的成熟孢子体。制作标本时可先将藻体晾至半干，太干则不易压平，处理标本时可在藻体上抹一些福尔马林防腐，标本晾至将近干时将藻体卷起保存。浸制标本要选带有孢子囊的带片，剪成小块浸泡于7%～10%的福尔马林海水溶液中保存，供徒手切片或石蜡切片用。

4.2.3 霉菌的简易培养方法

菌类植物中的霉菌，在自然条件下不易获得，通常需要人工培养获得实验材料。

1. 根霉的培养方法

切数片新鲜面包或馒头，使其暴露于空气中1～2 h，然后将其放入培养皿中，培养皿底部要铺垫湿润的滤纸，以保持空气潮湿。然后再用棉签蘸上加热煮沸的含0.1%琼脂、5%蔗糖的液体均匀涂于培养皿的盖面内侧，盖好培养皿盖，置于25～28℃温箱中培养，3～4 d可见面包或馒头片上长满白色菌丝，用放大镜可以看到直立的孢子囊梗顶端有黑色的孢子囊，此时夹取材料，制作临时装片观察。

观察根霉的有性生殖可购买菌种，将菌种用接种环分别挑起划线，接种在马铃薯葡萄糖琼脂培养基上，培养基配制方法：去皮马铃薯200 g，切成块煮沸0.5 h，用纱布过滤去渣，再加蔗糖或葡萄糖20 g，琼脂20 g，融化后加水至1 000 ml，在水温45℃时倒入培养皿，冷却后表面凝结成平板。接种后的培养皿置于21～25℃恒温箱中培养3～4 d，用镊子挑取材料制作临时装片观察。

2. 青霉、曲霉接种培养法

简单培养方法：湿润一片橘皮，放在培养皿内，盖好盖子，放在温度20℃左右的阴暗地方，大约一周后，会长出青绿色的菌落，就是青霉。从橘皮上挑取一些青霉，制成临时装片，在显微镜下观察，可以看到青霉的顶端分二、三次分枝，呈扫帚形，青霉的分生孢子成串排列，离孢子梗越远的孢子越先成熟，成熟后散落。青霉的菌丝无色，有横隔。

接种培养法：取配制好的马铃薯葡萄糖琼脂培养基，剪取和小培养皿口径同大的透明玻璃纸，消毒后垫在小培养皿内，用消毒棉签蘸上尚未凝结的培养基均匀涂在约 1mm 厚的玻璃纸上，将所要培养的霉菌孢子用无菌水制成悬浮液，用吸管吸取孢子悬浮液接种于玻璃纸上，将培养皿置于盛有清水的大培养皿内盖好，以保持湿度，放到 25℃温箱中培养，约 3～4 天可见玻璃纸上长出菌丝，剪下一小块玻璃纸放在载玻片上作成临时装片，可以看到菌丝生长的自然状态。

4.2.4 苔藓植物标本的采集和保存

苔藓植物体小，容易干燥，不易发霉腐烂，而且在干燥状态下，颜色能长期保存，因此非常适宜用纸质标本袋长期保存。入袋保存前，先将标本放在通风处晾干，去净所带泥土，然后放入标本袋中。与此同时，要注明采集信息，如学名、产地、采集人和编号，将标签贴在标本袋上，并在登记簿上登记，然后入柜长期保存。

4.2.5 苔藓和蕨类植物配子体的培养方法

观察苔藓和蕨类植物的配子体是理解植物生活史特征的重要手段，但它们在自然条件下不易获得，通常需要人工培养。

1. 培养基的配制

地钱和葫芦藓的培养均可用 Knop's 培养基进行培养，培养基配方如下：$Ca(NO_3)_2 \cdot 4H_2O$ 0.8 g，KH_2PO_4 0.2 g，KNO_3 0.2 g，$MgSO_4 \cdot 7H_2O$ 0.2 g，加水至 1 000 ml，高温灭菌后可得液体培养基。上述培养液加 1% 琼胶煮沸制成固体培养基，将培养基倒入培养皿即可进行材料培养。

2. 地钱配子体的培养

培养地钱的配子体可用孢子，也可用胞芽进行培养。孢子繁殖是将孢子播散在培养基上，孢子萌发形成丝状体、片状体，顶端分化出分生组织，最后长成地钱的配子体。胞芽繁殖较简单，可把胞芽散播在培养基上，每一个胞芽有两个生长点，向两端生长，最后中间断裂，形成两个配子体。配子体经一段时间培养后可分化产生雌性和雄性生殖托，二者分别产生颈卵器和精子器，经受精作用形成孢子体。

3. 葫芦藓配子体的培养

将采集到的成熟孢子囊数十个，在一张白纸上压碎，将收集到的孢子撒在已准备好的培养基上。如在 25℃下培养，两 2～3 d 内即可见到孢子萌发，2～3 周内可见到大量的原丝体。若观察芽体和茎叶体，可继续培养。温度的高低对芽体出现的早晚影响很大，如保持 25℃左右的温度，半月左右就可产生芽体，温度太低和太高都会延迟芽体的形成。芽体形成茎叶体，最后原丝体逐渐萎缩。茎叶体出现后继续培养，可以产生雌、雄生殖器官。生殖器官的产生需要较低的温度。如产生芽体后，将温度降至 15℃左右，经过 1 个月左右即可产生雌、雄生殖器官。孢子体的发育则需要较高的温度。一般在夏季室温条件下自受精后三个月左右时间孢子体可以生长成熟。

4. 蕨配子体的培养

培养蕨类植物配子体常用的培养基为改良 Knop's 培养基，培养基的配方同上。

孢子采集：将带有成熟孢子囊的孢子叶放入纸袋或大信封中，待孢子囊自然干燥开裂，孢子散落在纸袋中，最后用纸袋将孢子包好存放于4℃冰箱内。

孢子接种和培养：取少量孢子，放入10 ml的离心管内，用无菌水浸泡24 h，再用5%的次氯酸钠溶液消毒3～5 min，然后用无菌水离心洗涤3～5次，每次5～10 min，最后用无菌水制成孢子悬浊液，均匀接种到Knop's琼脂培养基上，25℃下连续光照培养，光照强度控制在1 000 lx左右。可根据教学需要，分不同阶段培养，以便上实验课时可同时得到丝状体、片状体、原叶体及幼孢子体等。

第二部分

植 物 学 实 验

5 植物细胞与组织

实验1　显微镜的使用及植物细胞的观察

【预习与复习】

《植物学》教材有关植物细胞结构的章节和本教程中有关显微镜的使用章节。

【目的与要求】

掌握显微镜的结构及其使用方法。
学习植物材料的水封片制作方法。
训练使用显微镜观察植物细胞。
掌握生物绘图的基本方法。

【材料与用品】

实验材料：洋葱鳞叶。
切片与装片：洋葱鳞叶表皮永久制片。
实验用品：光学显微镜、刀片、镊子、解剖针、载玻片、盖玻片、培养皿、滴管。

【内容与过程】

1. 显微镜的使用方法

(1) 取镜和放置

取出显微镜时要右手握镜臂，左手托镜座；把显微镜置于实验台上中部略偏左的位置，以便于观察和绘图。取镜和放置显微镜时要小心轻放，避免目镜筒脱落或损坏显微镜。

(2) 对光

无电光源的显微镜使用时需要对光，使低倍镜对准通光孔（镜头和载物台间距离约2 cm）。用眼睛注视目镜，转动反光镜，直到视野变得明亮均匀，光线强度适中不刺激眼睛。自带光源的显微镜不需要对光，只需打开电源开关，调节电流强度即可。

(3) 观察

低倍镜观察（通常为4×物镜）：低倍镜的视野较大，物镜工作距离大（可达3.5 cm），景深大，低倍镜下容易找到所要观察的目标，因此，显微观察首先要从低倍镜观察开始。① 将标本置于载物台上，用载片夹将载玻片固定，旋转载物台位置调整旋钮，将所要观察的标本正对通光孔，即聚光器中央的凸透镜。② 转动粗调焦螺旋，使载物台上升或下降，直至物像清晰。使用时要小心，不能使物镜接触载玻片，以免压坏玻璃片或损伤物镜。③ 用粗调焦螺旋调节看清物像后，再转动细调焦螺旋，使物像更加清晰，或调清所要观察的结构。

高倍镜观察：在低倍镜下找到所要观察的部位后，将它移到中央，转动转换器，换上一级高倍物镜(10×)，光线不足时，可调节光源强度或聚光器孔径光阑大小，以达到适中的光线亮度和适当的反差，更换物镜后，只需调节细调焦螺旋，把物像调到清晰，按此方法再更换 40×物镜观察。要使用 100×物镜观察时，物镜与盖玻片之间要加香柏油，以提高分辨率；用油镜观察完毕后，转开油镜，必须用擦镜纸和二甲苯擦去镜头上的香柏油。

(4) 调节

目镜调节：目镜的调节包括眼距调节和视度调节。眼距调节是通过眼距调节装置使两个目镜筒之间的距离正好等于观察者两眼的距离。视度调节是为适应观察者两眼不同的视度，方法是先调节调焦螺旋，使没有调节圈的目镜能看清物象，然后调节安装在另一目镜筒基部的调节圈，使该目镜筒也能清晰地观察到物像。调节好眼距和视度非常重要，它可以使我们轻松并清晰地观察标本，眼睛不易疲劳。

物镜调节：物镜是显微镜最重要的光学部件，安装在物镜转换器上，规格通常有 4 倍、10 倍、20 倍、40 倍和 100 倍等 5 个，其中 100 倍的为油镜，使用时物镜与盖玻片之间要加香柏油。观察标本时要注意选择适当倍数的物镜进行观察。4 倍物镜属于低倍镜，适合整体情况的观察；10 倍物镜属于中倍镜，适合组织水平的观察；40 倍和 100 倍物镜为高倍镜，适合组织或细胞水平的观察。因此，观察时要根据观察目的，选择适当的物镜。

观察时，注意使用物镜的顺序，每次观察均应该是从低倍镜到高倍镜。这是因为低倍镜的视野大，容易寻找目标，对焦也比较容易；高倍镜的视野小，不容易找到观察目标，因此使用高倍镜时要小心移动标本。

孔径光阑调节：孔径光阑对显微镜成像质量影响重大。通常来讲，孔径光阑的光圈越大，光线越强，图像的亮度越高，分辨率越高，但反差越小；光圈越小，光线越弱，图像亮度越低，分辨力越低，但反差越大。

光源亮度调节：光源亮度对观察有较大影响，光源亮时能增加分辨率，但光源过亮时会刺激人眼，甚至会伤害眼睛，光源暗时图像亮度降低，观察不清标本。通常情况下，光源亮度调节要与孔径光阑配合调节，以达到观察的最佳效果。

2. 简易水封片的制作

植物的制片方法详见第一部分 2.1.1。

3. 生物绘图

方法详见第一部分 3 生物绘图技术。

4. 洋葱表皮细胞观察

首先在干净的载玻片中央加一滴蒸馏水，然后取洋葱鳞茎剥去外皮较老的鳞叶，用镊子撕取一小块鳞叶内表皮放在载玻片水滴上，用解剖针将其展平，再用镊子夹取一干净的盖玻片，将其一边放于载玻片上，和水面接触，另一边慢慢放下，以免产生气泡，妨碍观察。如水不足，沿盖玻片边缘滴加，如边缘水分过多，可用吸水纸拭去，这样做成临时装片后，就可放在显微镜下观察了。

先用低倍镜观察，再选择一个清晰的细胞用高倍镜仔细观察细胞形状及各部分构造，

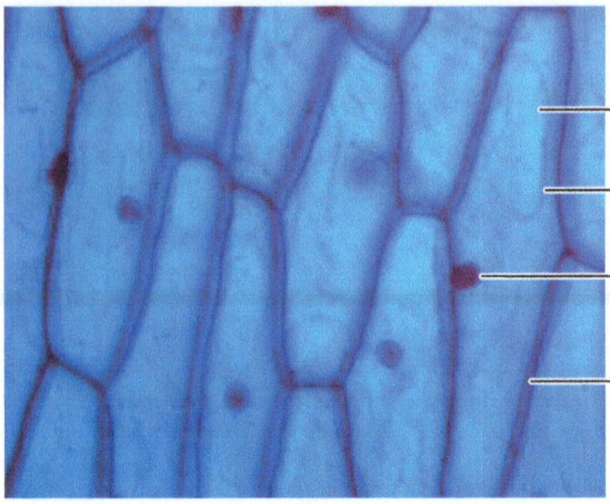

图 5.1 洋葱表皮细胞

可见洋葱鳞片叶表皮细胞多数呈长方形，外为细胞壁，内有无色细胞质和细胞核，圆形的细胞核内可见到1～2个更小的折光较强的核仁。由于洋葱表皮细胞较为透明，故必须缩小聚光器光阑（孔径光阑），避免光线过强，反差过小，分不清楚细胞内各部分结构。

从盖玻片一边加入1～2滴碘液，用吸水纸从盖玻片另一边吸去蒸馏水，使碘液渗入材料中，这时细胞核染成黄褐色，细胞质染成浅黄色，液泡颜色较淡（图5.1）。

【问题与思考】

1. 反光镜或集光器上的污点能否通过反射出现在视野中？载玻片上的污点能否出现在视野中？为什么？

2. 当显微镜光学系统受到污染时，会造成观察不清标本的现象，如何判断污染在何处（在载玻片、目镜或物镜上），如何进行处理？

3. 在制作临时水封片时，如何避免在材料表面产生气泡？

4. 当视野太明亮，光线刺眼时，这样的光线会使人眼的视网膜永久性损伤，解决的方法是什么？

5. 在用显微镜观察洋葱表皮时，由低倍镜换用高倍镜后，会出现何种变化（　　）。

A. 视野亮，细胞数目多　　B. 视野暗，细胞数目多

C. 视野亮，细胞数目少　　D. 视野暗，细胞数目少

【作业】

1. 简述光学显微镜的使用方法，简要说明哪几个环节对显微镜成像质量影响较大。

2. 简易水封片制作要注意哪些问题？

3. 详细说明生物绘图的具体步骤和要求。

4. 绘制洋葱表皮细胞，并注明观察到的结构。

实验 2　植物细胞的结构与代谢产物

【预习与复习】

《植物学》教材有关植物细胞的章节和植物徒手切片、临时封片的制作方法。

【目的与要求】

掌握显微镜下植物细胞的基本结构。

训练徒手切片的技能。

【材料与用品】

实验材料：洋葱鳞茎、黑藻、红辣椒果实、胡萝卜肉质根、紫鸭跖草、豌豆根、马铃薯块茎、空心苋。

切片与装片：柿子胚乳切片。

实验用品：显微镜、载玻片、盖玻片、镊子、刀片、吸水纸、擦镜纸、纱布块。

【内容与过程】

1. 植物细胞的结构

(1) 植物细胞的基本组成

首先在干净的载玻片中央加一滴蒸馏水，然后取紫鸭跖草叶的下表皮或洋葱鳞叶的内表皮，用镊子撕取一小块表皮做成临时装片，就可放置在显微镜下观察了。

先用低倍镜观察，再选择一个清晰的细胞用高倍镜仔细观察细胞形状及各部分构造，可见鸭跖草叶表皮细胞多数呈方形，外为细胞壁，其内可观察到细胞质和细胞核，圆形的细胞核内可见到 1～2 个更小的折光较强的核仁（图 5.2）。

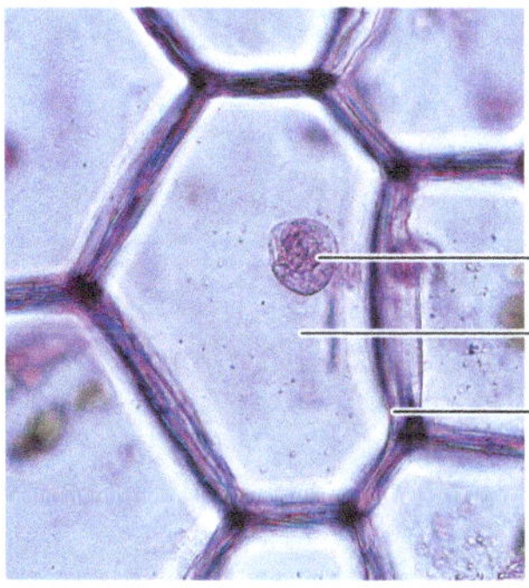

图 5.2 紫鸭跖草叶表皮细胞

该实验亦可用洋葱或其他材料叶的表皮细胞进行观察。

(2) 纹孔和胞间连丝

纹孔：用镊子撕取一块辣椒皮，用刀片刮去果肉细胞，将表皮制成临时装片，在低倍镜下找一清晰区域，转到高倍镜下观察细胞壁，可以看到细胞壁上有成对的凹陷处，即是初生纹孔场和纹孔对存在的部位（图 5.3）。

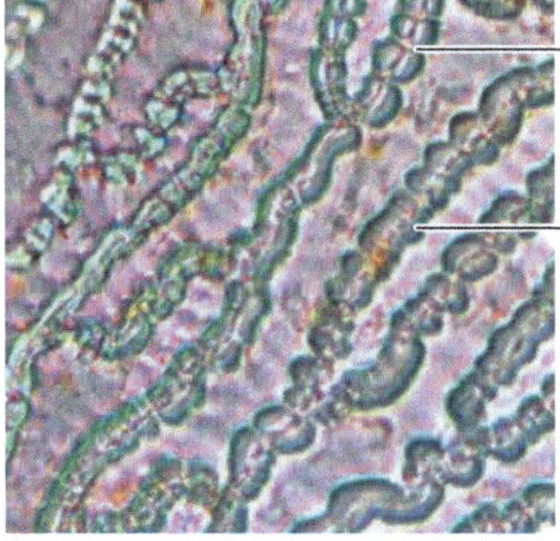

图 5.3 辣椒表皮细胞，示细胞壁和纹孔

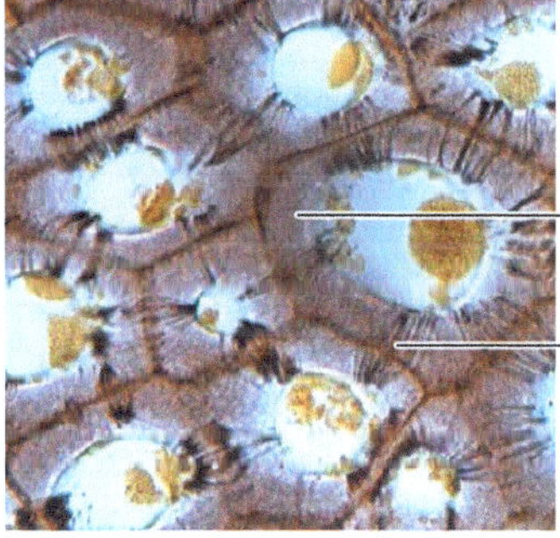

图 5.4 柿胚乳细胞，示胞间连丝

胞间连丝：柿胚乳是一种贮藏组织，它的薄壁细胞将贮藏的营养物质——半纤维素沉积在细胞壁上，形成初生壁。由于初生壁较厚，因此胞间连丝较明显。取柿胚乳永久制片，观察细胞壁和胞间连丝的形态和结构（图 5.4）。

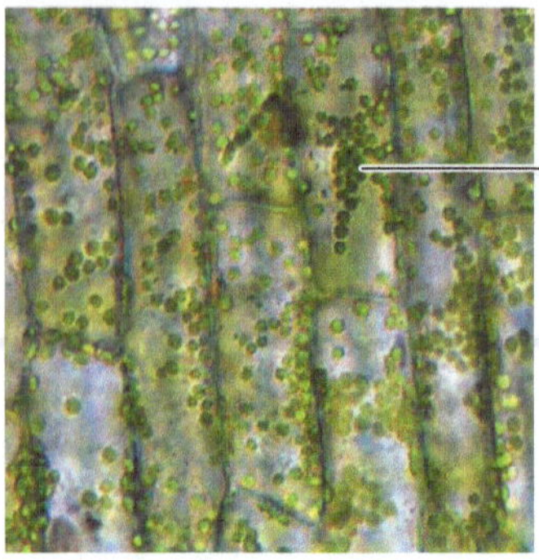

图 5.5 黑藻细胞，示叶绿体

(3) 质体

叶绿体：叶绿体较大，直径可达 4～10 μm，比较容易观察得到。观察植物的叶绿体可使用多种材料，如高等植物黑藻、白菜、菠菜的叶片、葫芦藓以及蕨类植物的配子体等。取载玻片，在其上滴入清水，取黑藻叶片或用镊子撕取白菜叶带叶肉的下表皮，放在载玻片的水滴中，盖上盖玻片，在显微镜下观察，可看见在叶的细胞中有许多圆形绿色颗粒，即叶绿体(图 5.5)。其他植物表皮细胞中一般不含叶绿体，但在组成气孔的两个半圆的保卫细胞中可见圆形的叶绿体。

白色体：用镊子撕取紫鸭跖草叶下表皮，放在载玻片上的水滴中，然后盖上盖玻片，先在低倍镜下，后置于高倍镜下观察，可见到气孔器的副卫细胞及其周围的表皮细胞，围绕在其细胞核周围的无色球形小颗粒即为白色体。

有色体：在培养皿中盛好水，将胡萝卜(储藏根)切成 2～3 cm 长条，做徒手切片。为了使切片厚薄均匀，刀片与材料断面要垂直，左手保持平稳不动，右手拉刀迅速均匀，材料与刀片保持湿润。切好的切片，立即放入培养皿的水中。选择最薄的切片，做成水封片，在显微镜下观察，有色体为红橙色，呈不规则的颗粒或棒状。

有色体也可用红辣椒表皮、西红柿等材料进行观察，效果很好。

(4) 线粒体

滴一滴清水在载玻片上，然后切取豌豆根尖放在载玻片的水滴中，用镊子将根压碎，盖上盖玻片。将制好的豌豆根装片放在低倍镜下观察根尖的细胞结构。最后换高倍镜，可见细胞质中许多线形、棒形、球形或椭圆形的微粒。其长径为0.5～3 μm，短径为 0.1～0.5 μm。

2. 细胞后含物

淀粉粒：取切开的马铃薯一小块，用镊子刮取少许混浊的浆液，置于载玻片水滴中，加上盖玻片，用显微镜观察。淀粉粒呈卵圆形的颗粒，每一个淀粉粒中心有一特别明亮的脐点，常偏向一侧；脐点外围有明暗交替的"轮纹"围绕。加一滴碘液于盖玻片边缘，可见到淀粉很快变成蓝色。除了这种单粒淀粉外，马铃薯还有少许复粒和半复粒淀粉，水稻米粒多含复粒淀粉。

脂肪和油滴：做花生种子的徒手切片，用苏丹Ⅲ染色，油滴呈现透明的橙红色。

蛋白质：贮藏的蛋白质是一种固体状的蛋白质颗粒，即糊粉粒。做花生种子的徒手切片，滴入 I-KI 染液，被染成黄色球状的颗粒为糊粉粒。也可用蓖麻的种子进行实验。

晶体：是植物细胞内常见的代谢产物，存在于细胞的液泡中。从化学成分来看主要有草酸钙和碳酸钙两类。常见的为草酸钙结晶，结晶的形态有针晶、棱晶、柱晶、簇晶和砂晶等。

常用来观察细胞内结晶的材料有鸭跖草、空心苋、洋葱、印度橡皮树的叶片等。

鸭跖草叶片下表皮中常含有棱晶、柱晶、针晶等;其茎中常含有针晶(图 5.6,图 5.7)。

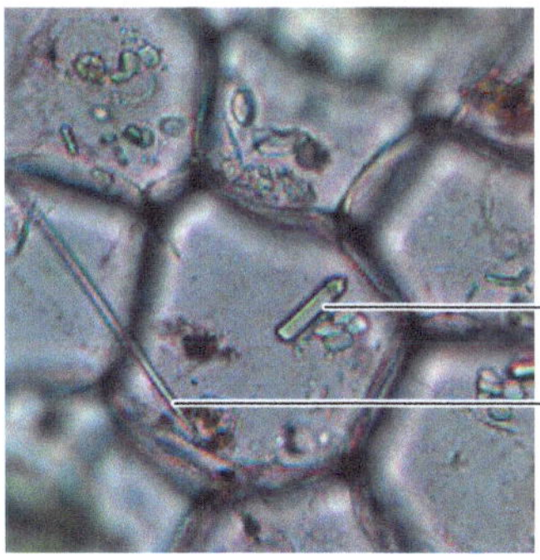

图 5.6 鸭跖草表皮细胞,示柱晶、针晶

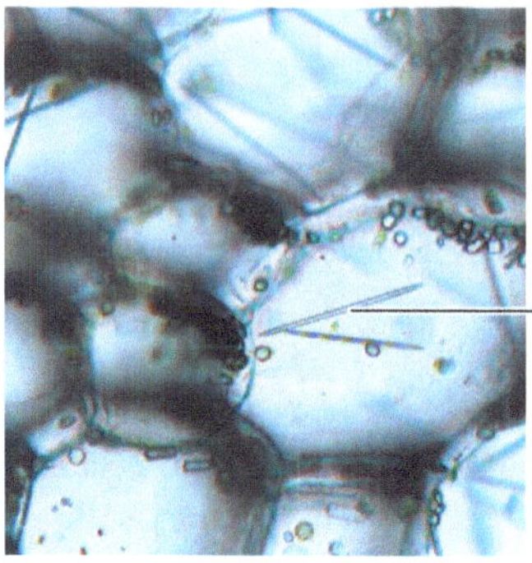

图 5.7 鸭跖草茎横切,示针晶

取空心苋做徒手切片,观察茎皮层薄壁细胞中的簇晶。

观察洋葱鳞叶表皮细胞中的草酸钙结晶:用镊子撕取洋葱外部老鳞叶表皮,做成装片,可见表皮细胞中有菱形的单晶存在。

取印度橡皮树叶片做徒手切片,观察表皮(为复表皮)细胞中的晶体,其结晶桑椹状,称为钟乳体。

【问题与思考】

1. 黑藻的叶绿体在细胞中是否会移动?为什么?
2. 柿子胚乳细胞壁很厚,它是否属于次生壁?
3. 糊粉粒通常在哪些植物器官中分布最多?
4. 晶体通常存在于何种细胞及何种细胞器中?

【作业】

1. 绘紫鸭趾草部分表皮细胞简图,示细胞壁、细胞质、细胞核、白色体、晶体等。
2. 绘柿子部分胚乳细胞示意图,示胞间连丝。
3. 绘马铃薯的淀粉示意图,示三种淀粉粒。
4. 绘空心苋部分皮层细胞简图,示簇晶。

实验 3 植物细胞的分裂

【预习与复习】

《植物学》教材有关植物细胞的章节和植物压片的制作方法。

【目的与要求】

1. 掌握植物分生组织细胞的基本特征。
2. 掌握压片制片技术。

3. 掌握植物有丝分裂各个时期的特征，染色体在有丝分裂各时期的形态变化。

4. 了解植物减数分裂各阶段的主要特征。

5. 理解减数分裂与有性生殖间的关系。

【材料与用品】

实验材料：洋葱根尖活材料或固定材料。

切片与装片：洋葱根尖纵切片、3～4 年生椴树茎横切、百合花粉母细胞减数分裂永久制片。

仪器与用品：显微镜、载玻片、盖玻片、镊子、吸水纸、擦镜纸、纱布块。卡诺固定液、盐酸—乙醇解离液、醋酸洋红(地衣红)、无水乙醇。

【内容与过程】

1. 分生组织观察

观察洋葱根尖纵切片，注意根尖分生组织细胞的特点，分生细胞通常体积小、壁薄、原生质丰富、细胞核大并位于细胞的中央，没有液泡或有分散的小液泡，细胞排列紧密，可分为原分生组织和初生分生组织。

原分生组织：位于植物根尖和茎尖生长点的最前端，有少数原始细胞组成，细胞具有持久的分生能力，但该细胞的分生次数较少。

初生分生组织：位于原分生组织的内方，是由原分生组织所衍生的细胞形成的，它的特点是细胞具有初步分化形成了表皮原、皮层原和中柱原，初生分生组织的分生能力较强。

取 3～4 年生椴树茎横切可观察到木栓形成层和维管形成层等次生分生组织，特点是形成层有 3～4 层细胞构成，细胞呈扁平形，围绕成连续的一环。

2. 洋葱根尖有丝分裂的观察

(1) 制片方法

材料的准备：在植物的分生组织中，根尖的分生区最长，细胞多集中，分裂旺盛，是研究细胞有丝分裂的良好材料。通常使用的材料为洋葱，在实验的前一周，将洋葱鳞茎盘下面的老根须剪掉，放在浸漫水的珍珠岩培养基上，置于 25℃左右的地方，经过若干天，在鳞茎盘的下方会长出许多新的不定根，根尖长到 1 cm 时即可以使用。

杀死固定：用固定剂把根尖细胞迅速杀死，使细胞内部的蛋白质变性，保持细胞内的基本结构和原有状态。当洋葱根尖长到 1 cm 以上时，在其有丝分裂高峰(上午 10～11 点或晚上 12～凌晨 1 点)取下，投入到卡诺固定液中固定 15～60 min 即可使用。

解离：取固定好的根尖，用无水乙醇洗 1～2 次，放入盐酸—乙醇解离液或 10%的盐酸中解离 7～8 min，使细胞相互分离，便于压片，并使染色体分离。

水洗：把解离好的根尖，用流水冲洗几分钟。

染色：将水洗后的根尖放在盛有醋酸洋红染色液的容器中，染色 20～30 min。

压片：取染色好的根尖，用刀片截取尖部 1～2 mm 放在载玻片中间，加一滴醋酸洋红染液，盖上盖玻片，用橡皮头轻敲盖玻片，使细胞分散开，然后用拇指施以垂直压力，让染色体分散开，即可观察。醋酸洋红染色的特点是细胞核和染色体被染成鲜红色，而细胞质染色较轻。

(2) 镜检观察

首先在低倍镜下观察，找到分生细胞区，其特点是细胞较小，呈方形，核大，细胞质浓厚，然后转到高倍镜观察，找到处于各个分裂时期的细胞。

有丝分裂各时期特点如下。

前期：细胞核出现了逐渐缩短变粗的染色体，核仁、核膜渐渐解体消失，前期末出现纺锤丝。

中期：染色体继续缩短变粗，并且所有染色体以着丝点排列在赤道板上，形成纺锤体。

后期：构成每一条染色体的两条染色单体从着丝点处分离变成两组染色体，且两组染色体分别被纺锤丝拉向相反的两极。

末期：移到两极后的染色体成为密集的一团，并逐渐解螺旋，伸长变细且分散。核仁、核膜重新出现，赤道面上出现成膜体进而形成新的细胞壁，最后形成两个子细胞。

取洋葱根尖纵切制片进行观察，比较压片和切片根尖分生组织的特点。

3. 百合花粉母细胞减数分裂过程的观察

植物细胞减数分裂通常发生在花粉母细胞形成小孢子、胚囊母细胞形成大孢子的过程中。一般以百合花粉母细胞为实验材料进行观察，本实验我们观察百合花粉母细胞减数分裂切片。取永久制片于显微镜下观察，由于减数分裂是同步的，要用不同的玻片标本来观察其各个分裂期。

前期Ⅰ：包括一系列复杂的变化过程，但核仁(及核膜)一直存在。可细分为 5 个时期：① 细线期——染色体呈细丝状，缠绕于核仁的一侧。② 偶线期——染色体丝松散、增粗并配对。③ 粗线期——染色体继续缩短、增粗，有纵裂、交叉。④ 双线期——染色体进一步缩短、变粗，同源染色体开始分离，出现“X”、“V”等形态。⑤ 终变期——染色体缩至最短，两两配对明显。

中期Ⅰ：核仁(及核膜)消失，纺锤体出现，染色体仍为最短、粗的状态，从侧面观可看到它们整齐排列在赤道面上。

后期Ⅰ：染色体分为两组(每组染色体数目应为分开前的一半)，分别向两极移动。

末期Ⅰ：子染色体到达两极，解螺旋并凝集成团，重新出现核仁(及核膜)，形成两个子细胞核。出现明显的细胞板或形成新的细胞壁，将细胞分隔为二分体。

前期Ⅱ：持续时间较短，染色体呈细丝状。

中期Ⅱ：两个子细胞中的染色体缩短、变粗后，排列于各自的赤道面上，纺锤体重新出现。

后期Ⅱ：子细胞中的染色体又分为两组(每组数目与分开前相同)，各自向其两极移动。

末期Ⅱ：染色体到达两极，解螺旋并凝集成团，核仁(及核膜)重新出现。新细胞壁形成，出现四分体，但仍被共同的胼胝质壁所包围。

【问题与思考】

1. 根尖的哪一部分细胞分裂最为旺盛？
2. 分生组织细胞中是否有液泡？
3. 顶端分生组织细胞与侧生分生组织细胞相比，具有哪些不同之处？
4. 如何区分百合有丝分裂和减数分裂的细胞？

5. 做好根尖压片的关键是什么？

【作业】

1. 绘洋葱根尖顶端分生组织简图，示分生细胞的特点。
2. 观察洋葱根尖细胞有丝分裂切片，绘有丝分裂各分裂时期示意图。

实验 4 植物的成熟组织

【预习与复习】

《植物学》教材有关植物组织的章节和本教材植物徒手切片的内容。

【目的与要求】

1. 掌握植物各种组织的主要特征。
2. 了解各类组织在植物体内的分布及相互关系。
3. 训练植物徒手切片技术。
4. 训练离析制片技能。

【材料与用品】

实验材料：白梨果实、芹菜叶柄、鸭跖草、葱兰、橘子果皮、葡萄的枝。

切片与装片：椴树茎横切、南瓜茎横切、南瓜茎纵切、松叶横切。

实验用品：显微镜、镊子、解剖针、双面刀片、载玻片、盖玻片、蒸馏水、滴管、铬酸—硝酸离析液。

【内容与过程】

1. 保护组织

保护组织包括表皮和周皮，用镊子撕取鸭跖草或葱兰叶的下表皮，制成临时装片，置显微镜下观察表皮细胞的种类、形态和特征。可见表皮是一层排列紧密、没有细胞间隙的细胞。表皮细胞外壁增厚，外表常被有角质层、蜡质层、毛等附属物。在表皮细胞中，可见成对的肾形的保卫细胞分布其中，内含叶绿体，两个保卫细胞之间的小孔称为气孔(图 5.8)。

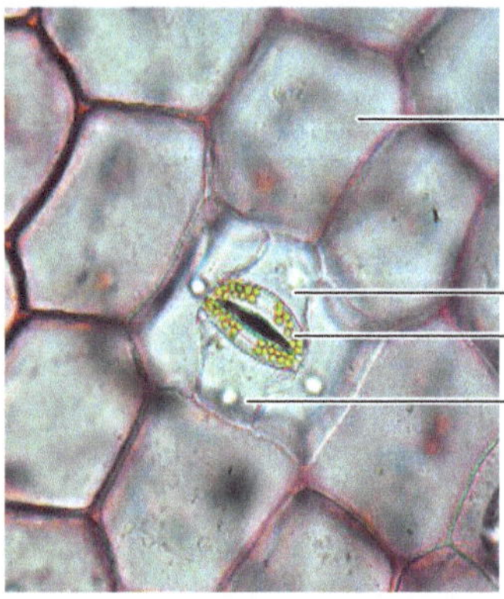

图 5.8 鸭跖草表皮细胞

2. 薄壁组织

取南瓜茎横切片置显微镜下观察，可以看到表皮以内的皮层部分和茎最中心的髓部都是由薄壁细胞构成的基本组织，它们的共同结构特点是：细胞体积较大，多为球形、椭球形或多面体，细胞壁薄、细胞间隙较大(图 5.9)。

薄壁组织根据它们的结构和功能的不同又分为同化组织、贮藏组织、贮水组织和通气组织等。

3. 机械组织

厚角组织：取芹菜叶柄做徒手切片，观察叶柄棱角处表皮内方成束状分布的厚角组织。

纤维细胞：用镊子取少许木材离析材料，制成临时装片，观察纤维细胞，可见一些两头尖长、细胞腔狭长，已死的厚壁细胞。

取葡萄茎离析制片，可观察到许多被染成红色的长梭形木纤维细胞，其细胞壁为全部加厚的次生壁，并大多木质化。

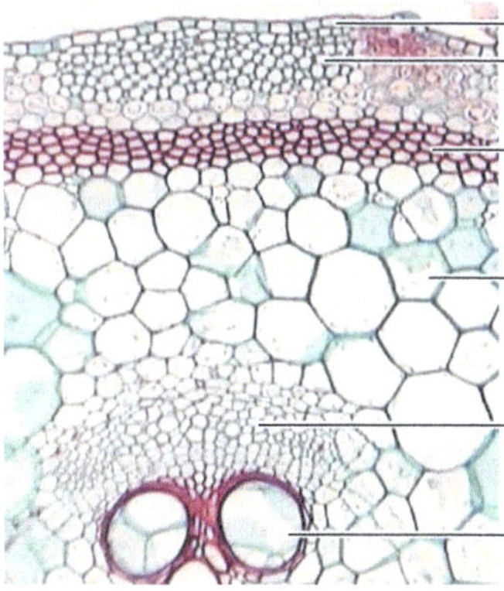

图 5.9 南瓜茎部分横切

石细胞：在新鲜梨果肉上刮取砂粒状的组织置于载玻片上，用镊子柄将其压碎，滴一滴盐酸—间苯三酚溶液，染色 3～5 min，盖上盖玻片，制成临时制片观察。梨果肉细胞较大、近圆形，石细胞被染成紫红色，这些细胞为多边形，细胞壁异常加厚，细胞腔很小，具有明显的纹孔沟。

4. 输导组织

(1) 导管

取南瓜茎纵切制片观察，显微镜低倍镜下可观察到被染成红色的、具有各种花纹的管状细胞，它们是各种类型的导管。每个导管分子，均以端壁形成的穿孔相互连接，上下贯通。高倍镜下可见导管花纹不同，分为螺纹导管和网纹导管等不同的类型(图 5.10)。

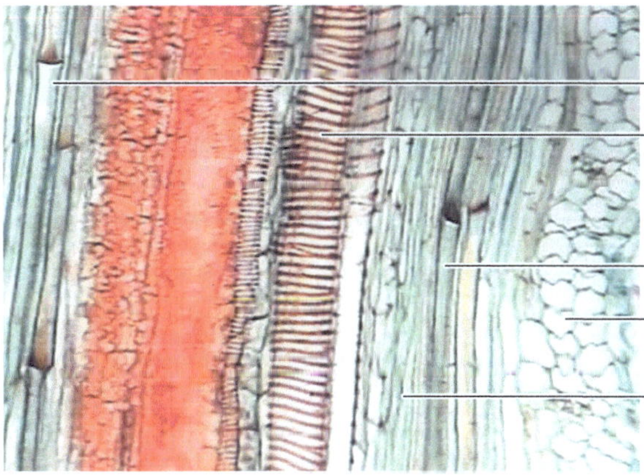

图 5.10 南瓜茎经过维管束部分纵切

木质部有下列五种类型的导管。① 环纹导管：管口直径较小，增厚的次生壁部分呈环状。② 螺纹导管：管口直径稍大，细胞壁具有螺旋形加厚并木质化的次生壁，呈现出螺旋纹理。③ 梯纹导管：管口直径较大，增厚部分较多，连成梯状。④ 网纹导管：管口直径较大，具有网状加厚并木质化的次生壁。⑤ 孔纹导管：增厚部分几乎布满整个壁，不增厚部分即为纹孔。

(2) 筛管和伴胞

在显微镜下木质部的两侧可找到染成蓝色的韧皮部，在此处可见一些管口直径较大的长管状细胞，即为筛管细胞。筛管细胞也是上下相连，连接处稍微膨大、染色较深的部位即为筛板，有些筛板上还可见到筛孔。筛管无细胞核，其细胞质常收缩成一束，离开侧壁，两端较宽，中间较窄的物质就是通过筛孔的原生质丝，称为联络索。在筛管旁边紧贴一至几个染色较深、细长的伴胞。伴胞细胞质浓，具有细胞核(图 5.10)。

5. 分泌结构

树脂道：观察松针叶切片内的树脂道，由裂生的细胞间隙组成，贯穿于植物体中，管边的外围被产生树脂的上皮细胞所包围。

油囊：取橘皮做徒手切片，可见其内部有椭圆形腔隙，腔隙四周可见到部分损坏溶解的细胞，腔内有浅黄色的挥发油。

腺毛：取番茄的嫩茎做徒手切片，在显微镜下可观察到顶端具有膨大的毛状结构即为腺毛，除腺毛外还有大量的表皮毛。亦可做中华霜柱花萼的水封片，可见其表面的腺毛。

【问题与思考】

1. 简要说明细胞、组织、器官和系统之间的相互关系。
2. 紫鸭趾草叶表皮保卫细胞的周围具有几个副卫细胞？试述保卫细胞、副卫细胞与表皮细胞间的区别。
3. 根据观察说明南瓜茎的导管有几种类型，简要说明各类型导管的管径大小和次生壁的加厚方式。
4. 比较导管和筛管在结构和功能上有何异同。
5. 机械组织有哪些种类，简述其在植物体内的分布规律。

【作业】

1. 绘鸭跖草叶表皮简图，示气孔、保卫细胞、副卫细胞及部分表皮细胞。
2. 绘南瓜茎横切部分结构简图，示表皮、薄壁组织、厚壁组织、厚角组织。
3. 绘南瓜茎纵切部分结构简图，示导管(至少两种)、筛管和伴胞。
4. 绘松针叶树脂道结构简图。

6 孢子植物

实验5 藻类植物

【预习与复习】

《植物学》教材原核藻类和真核藻类相关章节。

【目的与要求】

1. 掌握藻类一些重要门(蓝藻门、裸藻门、绿藻门、硅藻门、褐藻门、红藻门等)的特征。
2. 了解和识别藻类常见的代表植物。
3. 掌握紫菜和海带的生活史。
4. 掌握显微测量的技术方法。

【材料与用品】

实验材料:纯培养的念珠藻、鱼腥藻、裸藻、衣藻、栅藻,采集的微囊藻属、刚毛藻、水绵、池塘水样。

切片与装片:裸藻永久制片、丝藻永久制片、水绵结合生殖永久制片、硅藻装片、鹿角菜生殖窝切片、海带藻体标本、海带孢子体切片、海带配子体装片、海带幼孢子体装片、紫菜藻体标本等。

实验用品:显微镜、解剖镜、放大镜、载玻片、盖玻片、镊子、吸水纸、纱布块。

【内容与过程】

1. 蓝藻

蓝藻是一类具有光合色素的原核生物,生活于水中或潮湿的环境,分布广泛。常见的蓝藻有以下几种。

(1) 念珠藻属(*Nostoc*)

细胞圆形,排成念珠状不分枝的丝状体,有大型的异型胞。取地木耳(*Nostoc commune*)压制成临时封片观察,区分丝状体中正常的营养细胞和异型胞(图6.1 A)。本属常见的植物还有发菜(*N. flagelliforme*)和葛仙米(*N. sphaeroides*),可供食用。

(2) 鱼腥藻属(*Anabeana*)

取纯培养的鱼腥藻制成临时封片观察,可见鱼腥藻细胞圆形,连接成丝状体,单一或集聚成团,但无公共胶质鞘(图6.1 B)。

(3) 微囊藻属(*Microcystis*)

取纯培养的微囊藻制成临时封片观察,藻细胞常集合成球形、不规则形或具有很多穿

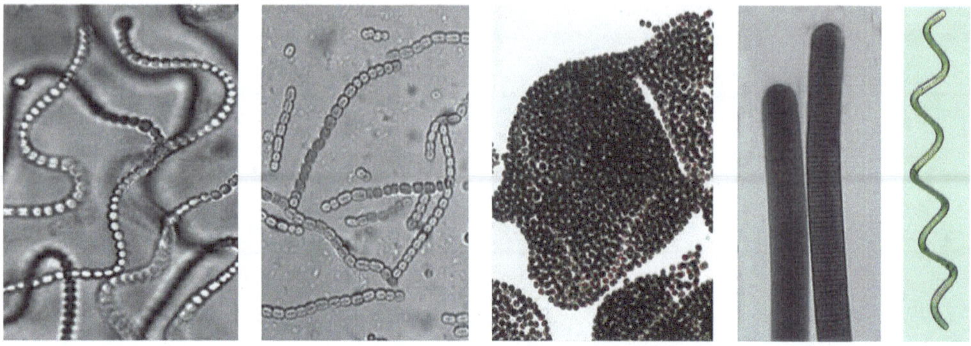

A B C D E

图 6.1 常见的蓝藻

A. 念珠藻;B. 鱼腥藻;C. 微囊藻;D. 颤藻;E. 螺旋藻

孔的浮游性群体,是夏季形成水华的主要藻类(图 6.1 C)。

(4) 颤藻属(*Oscillatoria*)

取含有颤藻的水样制成临时封片观察,可见颤藻植物体是由一列细胞组成的丝状体,丝状体无胶质鞘,或有一层不明显的胶质鞘;丝状体能前后运动,或左右摆动(图6.1 D)。与颤藻极易混淆的席藻属(*Phormidium*)藻类,在藻丝外边有明显的胶质鞘。

(5) 螺旋藻属(*Spirulina*)

也是自然水体中常见的藻类之一,藻体丝状,螺旋形(图 6.1 E)。

2. 裸藻

取一滴纯培养的裸藻样品或含有裸藻的池塘水样观察,可见裸藻为单细胞,细胞呈梭形,前端钝圆、后端尖削。藻体内有一个红色眼点,还有许多叶绿体,前端还有一根鞭毛,可在水中游动。自然水体中,常见的还有扁裸藻、旋形裸藻等(图 6.2)。

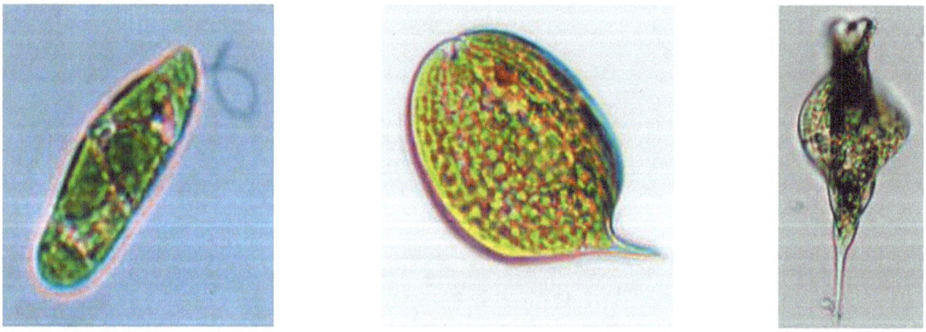

A B C

图 6.2 常见的裸藻

A. 裸藻;B. 扁裸藻;C. 旋形裸藻

3. 绿藻

绿藻门植物的形态是多种多样的,有单细胞、群体、丝状体和叶状体。少数单细胞和群体类型的营养细胞前端有鞭毛,能游动。绝大多数绿藻的营养体不能运动,只在繁殖时形成的游动孢子和配子有鞭毛，能游动。

(1) 衣藻属(*Chlamydomonas*)

取纯培养的衣藻观察，可见藻体为单细胞，个体较小，显微镜下不易区分内部结构。观察时，先在低倍镜下观察其游动情况，如游动过快，可用吸水纸从盖片的一侧吸掉部分水分，使其游动减慢。选择较大的个体，转入高倍镜观察。衣藻细胞卵圆形，前端有两条顶生鞭毛，在鞭毛着生处有乳头状突起。载色体如厚底杯形，在基部有 1 个明显的蛋白核；鞭毛基部有两个伸缩泡，伸缩泡是突然收缩的，一般认为是排泄器官；眼点橙红色，位于体前端载色体膜与光合片层之间，由 1 层或数层油滴构成，油滴中含有类胡萝卜素。

(2) 水绵属(*Spirogyra*)

水绵是绿藻门中丝状藻类的代表植物，植物体为多细胞不分枝的丝状体，用手触摸有滑腻的感觉。取少量丝状体作临时制片观察，可见水绵由许多圆筒形细胞上下连接而成，每个细胞内有一至数条带状载色体，螺旋状悬浮于细胞质中，每条叶绿体上有一列发亮小颗粒，为蛋白核。细胞核不易辨认(图 6.3 D)。

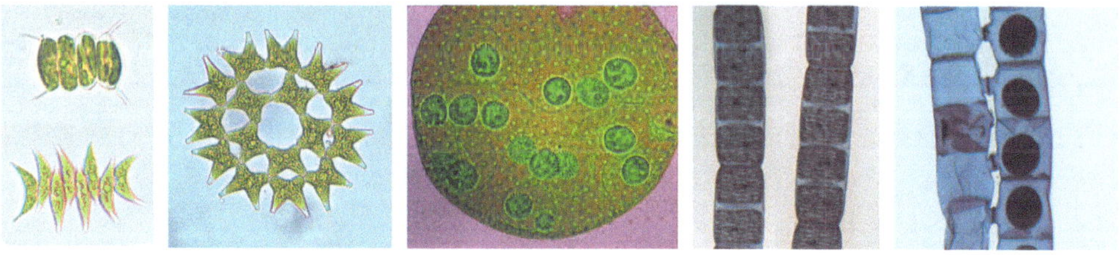

A B C D E

图 6.3 绿藻门的代表植物

A. 栅藻；B. 盘星藻；C. 团藻；D. 水绵丝状藻体；E. 水绵接合生殖

另取水绵接合生殖永久制片观察。显微镜下可见两条平行靠近的丝状体之间相对的细胞各生出一个突起，形成了接合管，接合管连通，细胞相互结合，细胞中的原生质体收缩形成配子，一条丝状体的配子通过接合管进入了另一条丝状体，并形成了合子，这就是梯形接合，是水绵行有性生殖常见的结合方式(图 6.3 E)。

绿藻的多样性：取池塘中的水，用吸管吸一滴池塘水制成临时封片置于显微镜下观察，能否辨认出一些常见的绿藻，如栅藻属、盘星藻属、团藻属等(图6.3 A～C)。

用显微测量的技术测量绿藻细胞的长度和宽度，并练习使用油镜的方法。将台微尺放在载物台上，先用 4× 物镜找到标尺，对准焦距，换 10× 物镜观察，转动带有目镜测微尺的目镜，使目微尺与台微尺平行，对准焦距后转到 40× 物镜观察，调节载物台使目微尺与台微尺的左侧对齐，找到它们右侧对齐的刻度，计算出目微尺每格代表的宽度。同理计算出 100× 油镜下目微尺每格代表的宽度。观察标本时即可计算出标本的长度、宽度、单位长度硅藻纹饰的数量等。

4. 硅藻

硅藻在水中分布广泛，是鱼类和其他水生动物的食物。藻体通常单细胞，也有的连接成丝状或其他形状的群体。细胞壁由两个半壳套合而成，高倍镜下可见壳面上的花纹。

取含有硅藻的池塘水样进行观察，区分常见的淡水硅藻种类，活体观察可鉴定到属。

观察硅藻装片，常见的硅藻有直链藻属（*Melosira*）、小环藻属（*Cylotella*）、舟形藻属（*Navicula*）、羽纹藻（*Pinnularia*）、桥弯藻（*Cymbella*）、异极藻属（*Gomphonema*）、双菱藻属（*Surirella*）等（图 6.4）。

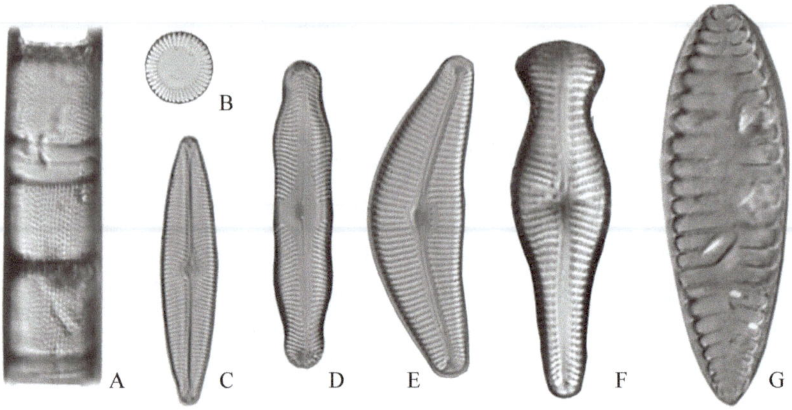

图 6.4 硅藻门的代表植物

A. 直链藻；B. 小环藻；C. 舟形藻；D. 羽纹藻；E. 桥弯藻；F. 异极藻；G. 双菱藻

用显微测量的技术测量硅藻细胞的长度和宽度，观察标本时即可计算出标本的长度、宽度、单位长度上硅藻纹饰的数量等。

5. 紫菜生活史观察

紫菜属（*Porphyra*），紫菜是红藻门的代表植物。取其藻体标本观察，植物体为鲜紫红色的片状体，边缘波状，很薄，由单层或双层细胞组成。

藻体的任何 1 个营养细胞，都可转变为精子囊，其原生质体分裂形成 64 个精子。果胞是由 1 个普通营养细胞稍加变态形成，一端微隆起，伸出藻体胶质的表面，即受精丝，果胞内有 1 个卵。精子放出后随水流漂到受精丝上，进入果胞与卵结合，形成二倍的合子。合子经过减数分裂和普通分裂，形成 8 个单倍的果孢子。果孢子成熟后，落到文蛤、牡蛎或其他软体动物的壳上，萌发进入壳内，长成单列分枝的丝状体，即壳斑藻。壳斑藻产生壳孢子，由壳孢子萌发为夏季小紫菜，其直径约 3 mm。当水温在 15℃左右时，小紫菜可直接发育成大型紫菜，壳孢子亦可直接萌发形成大型紫菜（图 6.5）。

6. 海带生活史观察

海带是褐藻门的代表植物。海带的生活史有明显的世代交替，海带的藻体为 2 倍的孢子体，配子体有雌配子体和雄配子体之分。取海带藻体标本观察，孢子体分为固着器、柄和带片 3 部分。观察成熟孢子体带片的横切片，可见带片的两面都能产生单室的游动孢子囊，游动孢子囊呈棒状；中间夹着长的细胞，叫隔丝（或称侧丝），隔丝尖端有透明的胶质冠。孢子囊内孢子母细胞经过减数分裂产生很多同型游动孢子，外观呈梨形。观察海带游动孢子的特征，可见游动孢子有鞭毛两条，侧生，不等长。同型的游动孢子落地后立即萌发为雌、雄配子体。观察海带配子体装片，可见海带配子体呈丝状，分为雄性和雌性配子体。产生的精子和卵细胞经受精作用产生合子，合子不离母体，几日后即萌发为

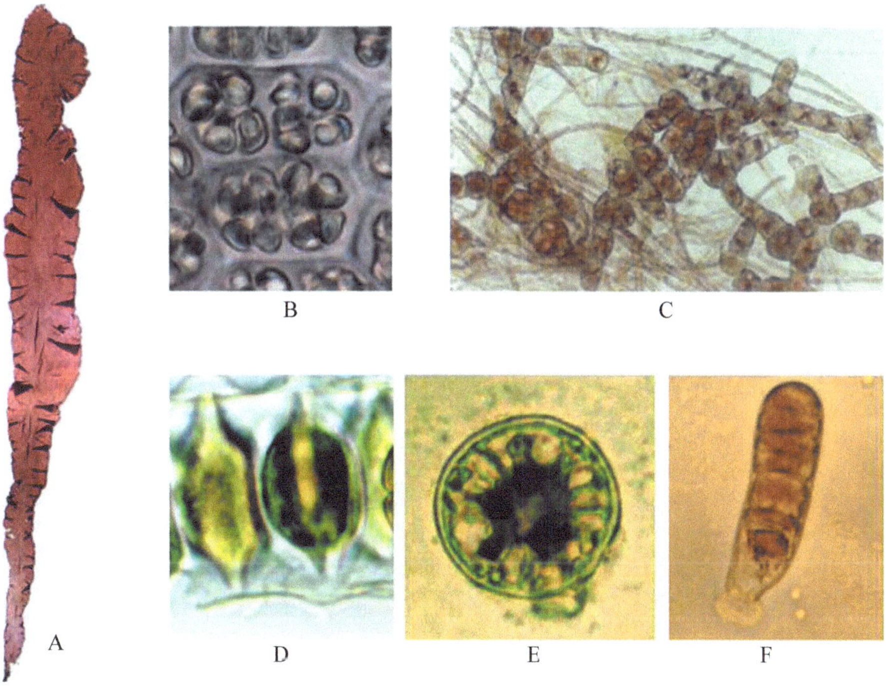

图 6.5 紫菜生活史的主要阶段

A. 紫菜；B. 精子器；C. 壳斑藻；D. 果孢；E. 壳孢子；F. 小紫菜幼体

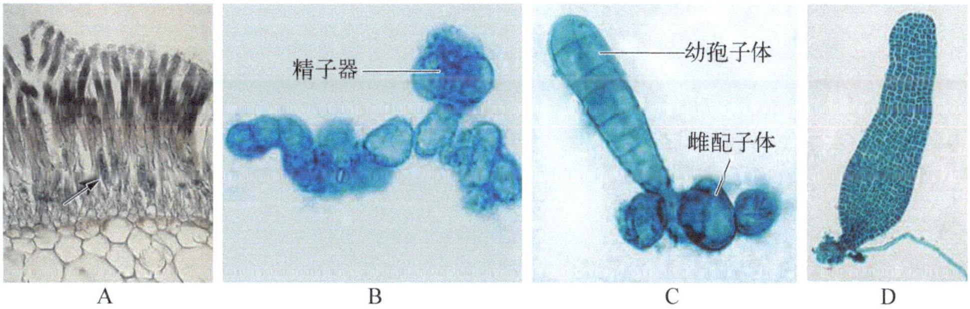

图 6.6 海带生活史的主要阶段

A. 孢子囊；B. 雄配子体；C. 雌配子体和幼孢子体；D. 幼孢子体

新的海带（图 6.6）。

7. 鹿角菜形态特征的观察

鹿角菜（*Pelvetia siliguosa*）为褐藻门的代表植物。藻体基部为固着器，上部为二叉状分枝 2～8 次。观察鹿角菜分枝的横切片，从外向内依次为表皮、皮层和中央髓。

鹿角菜的植物体是二倍体，生殖时在枝顶端形成生殖托，生殖托有柄呈长角果状，较普通营养枝粗，生殖托的表面有明显的结疖状突起，突起处有一开口的腔，叫生殖窝。雌、雄同窝。精囊长在窝内生出的分枝上，每个分枝上有 2～3 个精囊，旁边有隔丝。精囊是单细胞的，核的第一次分裂是减数分裂，以后都是有丝分裂，形成多数精子。卵囊也是单细胞的，细胞经过减数分裂，最后发育成两个卵。成熟的精子和卵结合后发育成二倍体的植物。

【问题与思考】

1. 与真核细胞相比，蓝藻细胞具有哪些特征？
2. 裸藻的红色眼点的主要作用是什么？
3. 为什么说裸藻是介于植物与动物之间的类群？
4. 你认为栅藻、盘星藻是多细胞生物吗？请说明理由。
5. 硅藻的细胞通常呈什么颜色？这与其所含色素有何关系？
6. 硅藻细胞没有鞭毛，它是靠什么进行运动的？
7. 紫菜在生活史中具有世代交替吗？如果有，紫菜的带片是单倍体还是二倍体？
8. 海带在生活史中是否有世代交替现象？
9. 可食用的海带叶状体是单倍体还是二倍体？

【作业】

1. 绘一段念珠藻丝状体形态简图，并引线注明各部分名称。
2. 绘水绵梯形结合生殖示意图，并引线注明各部分名称。
3. 绘海带横切结构图，示孢子囊和孢子。
4. 绘出你在实验中观察并识别的活体藻类简图，并写出属名。

实验6 菌 物

本实验所说的菌物只包括黏菌、真菌和地衣。真菌属于真核生物，植物体由菌丝组成。低等真菌的菌丝一般为无隔菌丝，具多核；高等真菌的菌丝多为有隔菌丝。细胞具有细胞壁，但不具有叶绿素，为异养植物。地衣是真菌和藻类的共生体。

【预习与复习】

《植物学》教材有关菌物的章节。

【目的与要求】

1. 掌握黏菌、真菌、地衣的主要特征。
2. 了解和识别菌物常见代表植物。
3. 掌握真菌各亚门的主要区别特征。
4. 训练生物绘图技术。

【材料与用品】

实验材料：匍枝根霉、青霉、木耳、蘑菇、地衣叶状体。

切片与装片：发网菌营养体和孢子囊封片、水霉封片、匍枝根霉、曲霉、曲霉孢子、酵母菌、青霉菌、蘑菇切片（横、纵切）、同层地衣切片，异层地衣切片。

实验用品：显微镜、解剖镜、放大镜、载玻片、盖玻片、镊子、吸水纸、纱布、蒸馏水。

【内容与过程】

1. 黏菌代表——发网菌的生活史观察

发网菌属(*Stemonitis*),其营养体为裸露的原生质团,称变形体,常在阴湿处的腐木上或枯叶上缓缓爬行。

取发网菌营养体装片观察,可见细胞呈不规则形状。繁殖时,形成1个具柄的孢子囊(子实体)。孢子囊内原生质团中的二倍核进行减数分裂,形成许多块单核的小原生质,每块形成1个孢子,藏在孢丝的网眼中。成熟时,包被破裂,借助孢网的弹力把孢子弹出。

2. 鞭毛菌代表——水霉的特征观察

水霉属(*Saprolegnia*),取永久装片或新鲜材料制成水封片,在显微镜下仔细观察菌丝体的形态,观察菌丝是否有隔。菌丝顶端常可见到稍膨大的游动孢子囊,孢子囊的基部有一横隔与菌丝分开。

3. 接合菌代表——黑根霉的特征观察

最常见的是黑根霉(*Rhizopus stolonifer*),又称匍枝根霉或面包霉,常生于面包、馒头和富于淀粉质的食物上。取培养的黑根霉新鲜材料,用解剖针挑取少量新鲜菌丝制成水封片,注意观察藻丝的形态结构、菌丝分化等。取黑根霉制片观察,可见匍匐生长的菌丝(无隔)、垂直向上的孢子囊梗、孢子囊(内有黑色孢子)和向下生长的假根结构。

4. 子囊菌的特征观察

酵母属(*Saccharomyces*)多存在于富有糖分的基质中。取酵母装片观察,酵母菌通常为单细胞,有明显的细胞壁和细胞核,以出芽方式进行繁殖,在营养条件良好时繁殖较快,使其呈暂时有分枝的拟菌丝。

青霉(*Penicillum* sp.),多生于腐烂水果表面。取青霉装片观察,可见其菌丝是有横隔的。在菌丝上生有长而直立的分生孢子梗,然后分生孢子梗经2~3次分枝,产生分生孢子小梗,形成扫帚状。分生孢子小梗顶端产生多个圆形的、成串的分生孢子,属于外生孢子(图6.7)。

图6.7 青霉

曲霉(*Aspergillus* sp.)多生于腐烂的水果、食物和皮革等物体的表面。取曲霉装片观察,可见菌丝向上长出分生孢子梗,分生孢子梗顶端膨大成为顶囊,一般呈球形,顶囊表面长满一层或两层辐射状小梗(初生小梗与次生小梗),最上层小梗瓶状,顶端着生成串的球形分生孢子(图6.8)。

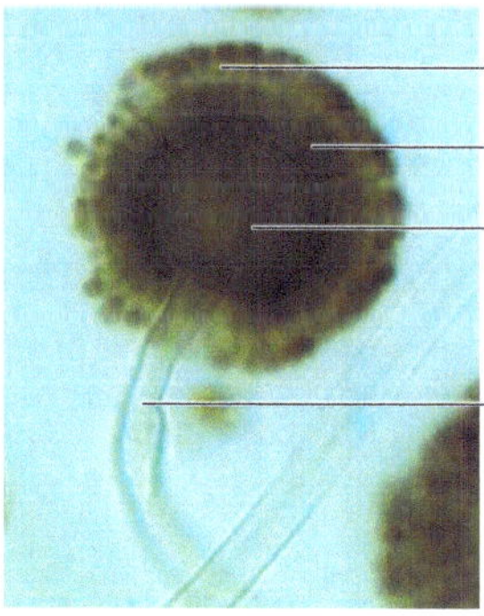

图6.8 曲霉

盘菌(*Peziza* sp.)是最常见的腐生菌。其子囊盘较大,通常杯状,无柄或近于无柄。子囊常呈圆柱状,子囊孢子8个,椭圆形,无色,通常在子囊内排列成1行。

5. 担子菌的特征观察

担子菌是真菌中高等的类型，常见的食用菌如木耳、蘑菇等均属于此类，其菌丝为有隔菌丝，有性生殖时产生担子和担孢子。

木耳(*Auricularia auricula*)为常见的担子菌植物，食用部分为木耳的子实体，呈耳状、叶状或杯形，以侧生的短柄着生于基质上。实验时，将木耳子实体用5%的氢氧化钾溶液浸泡一段时间，待其胶质溶解后，用镊子撕取一块制作成水封片，用手轻压盖玻片使材料展开，在显微镜下观察，可见木耳的子实层在子实体的表层，担子为棒状，被横隔为4个细胞，每个担子细胞上侧生1个长的小梗，梗顶有1个担孢子。

蘑菇属(*Agaricus*)隶属于担子菌纲。首先取蘑菇的子实体，观察其外形，区分菌盖、菌褶、菌柄、菌环等各个部分(图6.9 A)。取蘑菇的营养菌丝永久装片观察，可见蘑菇的营养菌丝为双核菌丝，通过锁状联合进行细胞分裂(图6.9 C)。有性生殖时产生担子和担孢子，担子和担孢子在子实层的表面产生，蘑菇的子实层位于菌褶的两面。取蘑菇菌褶横切片观察，可见其上的担子，每个担子顶部形成4个担孢子(图6.9 B)。

A　　B　　C

图6.9　蘑菇

A. 子实体；B. 菌褶横切示担子和担孢子；C. 锁状联合

6. 地衣的形态与结构观察

地衣是真菌和藻类的共生体，观察壳状地衣、叶状地衣、枝状地衣的标本，注意它们之间的区别。

壳状地衣：原植体(植物体)紧贴基物(如石头)，难以分开。

叶状地衣：原植体呈扁平状，有背、腹之分，以假根固着于基物上，易于采下。

枝状地衣：原植体直立成枝状或丝状，或成悬垂分枝状。

另取永久制片，观察同层地衣和异层地衣的形态结构，从内部结构可分为同层地衣和异层地衣。同层地衣藻细胞在髓层中均匀地分布。异层地衣分为上皮层、藻胞层、髓层、下皮层(图6.10)。

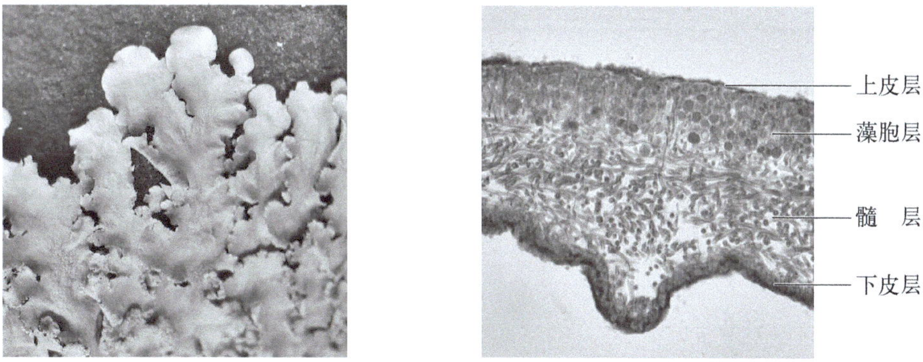

A　　B

图 6.10　叶状地衣(A 形态;B 异层结构)

【问题与思考】

1. 根据观察,说明子囊菌的菌丝与根霉菌的菌丝有何区别?
2. 青霉菌和曲霉菌产生的分生孢子属于有性还是无性孢子?
3. 子囊孢子属于有性还是无性孢子?请解释说明。
4. 担子菌是如何进行细胞分裂的?
5. 担子菌和子囊菌产生有性孢子的方式有何不同?
6. 地衣中藻类与真菌的关系如何?

【作业】

1. 绘根霉菌丝体形态,标示出匍匐菌丝、假根、孢子囊梗、孢子囊和孢囊孢子。
2. 绘青霉菌丝体形态,标示出部分营养菌丝、各级分生孢子梗和分生孢子。
3. 绘蘑菇横切示意图及部分菌褶放大,标出子实层、担子、担孢子。
4. 绘异层地衣示意图,标出上皮层、藻胞层、髓层、下皮层。

实验 7　苔 藓 植 物

【预习与复习】

《植物学》教材有关苔藓植物的章节。

【目的与要求】

1. 掌握苔藓植物的主要特征及生活史。
2. 了解苔类植物和藓类植物的主要区别。
3. 学习苔藓植物生活史观察的方法。
4. 认识常见苔藓植物及其多样性。
5. 训练显微解剖技术,练习解剖镜的使用。

【材料与用品】

实验材料：① 地钱新鲜配子体材料，带胞芽杯、雄性和雌性生殖托。② 葫芦藓新鲜材料，带精子器、颈卵器、孢子体。③ 角苔新鲜材料，带孢子体。

切片与装片：① 地钱叶状体、雄性生殖托、雌性生殖托切片。② 葫芦藓精子器、颈卵器、孢蒴切片。③ 角苔配子体装片、孢子体装片。

实验用品：解剖镜、显微镜、载玻片、盖玻片、镊子、解剖针、吸水纸等。

【内容与过程】

1. 地钱的特征及生活史观察

地钱(*Marchantia polymorpha*)是苔纲的代表植物，实验前要进行活体材料培养，方法是将地钱的胞芽置于潮湿的花盆内，盖上玻璃板保持湿度即可，地钱可长期生长。地钱活体培养的具体方法见 4.3.2。

(1) 地钱植物体外部形态观察

取地钱植物体(配子体)活材料观察，配子体为二叉分枝的叶状体，有背腹之分。生长季节背面(上面)能见到胞芽杯，其内产生胞芽，可进行营养繁殖；腹面生有假根和鳞片，可固着和保持水分(图 6.11)。把叶状体放在解剖镜下观察，可观察到气室中央的通气孔。

A

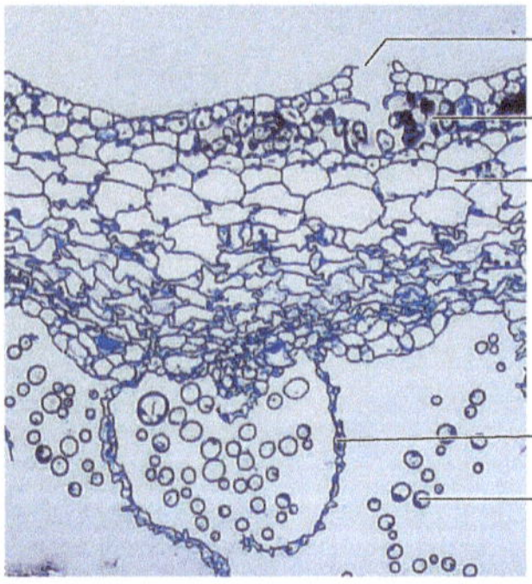

B

图 6.11　地钱植物体及其内部结构

A. 配子体；B. 配子体横切

(2) 地钱配子体内部构造观察

取地钱叶状体做徒手切片或直接观察永久制片，可以看到内部的构造，最上层是表皮，表皮下有一层气室，气室的底部有许多排列疏松的细胞，内含有叶绿体，是地钱的同化组织。室与室之间有不含或微含叶绿体的细胞，成为两室的限界。每室的顶部中央有一个通气孔，孔的周围由数个细胞构成，通气孔无闭合能力。肉眼从叶状体背面看到的菱形网纹，即为气室的分界，而中央的白点即为气孔。气室以下是由多层细胞组成的薄壁组织，内含有淀粉或油滴。有时也可以看到黏液道。下表皮与薄壁组织的细胞紧紧相连。地钱的腹面还有假根和鳞片(图 6.11)。

地钱为雌雄异体，有性生殖时雌配子体产生雌性生殖托，雄配子体产生雄性生殖托。

(3) 雌性生殖托和颈卵器的观察

用解剖镜观察雌性生殖托，托盘顶有 9～11 条指状裂片。用显微镜观察雌性生殖托纵切片，可以看到指状裂片下方倒挂着烧瓶状的颈卵器，颈卵器可区分为颈部和腹部，在高倍镜下可观察到颈卵器壁细胞和里面的颈沟细胞、腹沟细胞与卵细胞(图 6.12)。

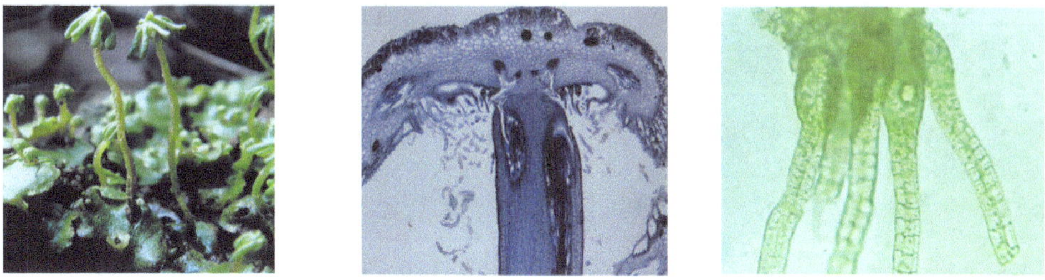

A B C

图 6.12 地钱雌性生殖托和颈卵器

A. 雌性生殖托；B. 雌性生殖托纵切；C. 颈卵器

(4) 雄性生殖托和精子器的观察

用解剖镜观察雄性生殖托，托盘顶边缘浅波状，托盘上表面有许多小孔。用显微镜观察雄性生殖托的纵切片，可见椭圆形精子器陷于雄器盘中，精子器腔与表面的小孔相通，精子器外壁由一层薄壁细胞构成，内部充满精子细胞(图 6.13)。

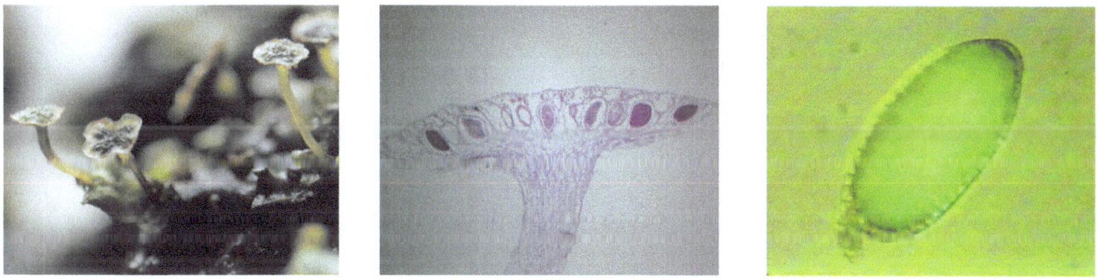

A B C

图 6.13 地钱雄性生殖托和精子器

A. 雄性生殖托；B. 雄性生殖托纵切；C. 精子器

(5) 孢子体观察

取带孢子体的雌性生殖托于解剖镜下观察，可见孢子体呈黄色，寄生在配子体上。取孢子体切片观察，可见孢子体由孢蒴(孢子囊)、蒴柄和基足三部分组成；无性生殖时，孢蒴内细胞，有的经减数分裂后形成同型孢子，有的不经减数分裂伸长，细胞壁螺旋状加厚形成弹丝。孢蒴成熟后，顶端纵裂，借弹丝的弹动散发孢子(图 6.14)。

2. 葫芦藓的特征及生活史观察

葫芦藓(*Funaria hygrometrica*)是藓纲常见的植物。植物体高约 2 cm 左右，直立，丛生，有茎、叶的分化，在进行实验之前先进行葫芦藓活材料培养。

(1) 葫芦藓配子体观察

取培养的葫芦藓配子体在解剖镜下进行观察，可见其植物体为茎叶体，茎短小，基部生有假根，叶丛生于茎的上部。做配子体水封片于显微镜下观察，可见叶片卵形或舌形，具有

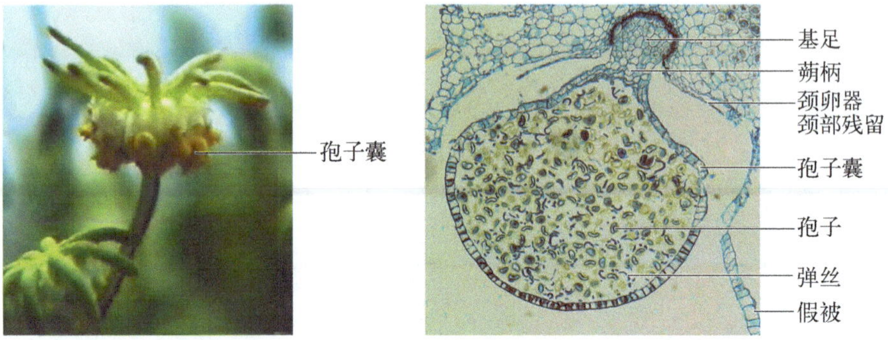

图 6.14 地钱孢子体

A. 孢子体；B. 孢子体纵切

1条明显的中肋，叶片除中肋外由一层细胞构成；茎结构简单，中轴部分的细胞比其他部分的细胞纵向延长，但并不形成真正的输导组织。

(2) 有性生殖器官观察

葫芦藓为雌雄同株，但不同枝。雌枝顶端产生雌器苞，其外形似一个顶芽，其中有数个颈卵器和隔丝。雄枝顶端产生雄器苞，其外形似一朵小花，内含许多精子器和隔丝(图 6.15)。

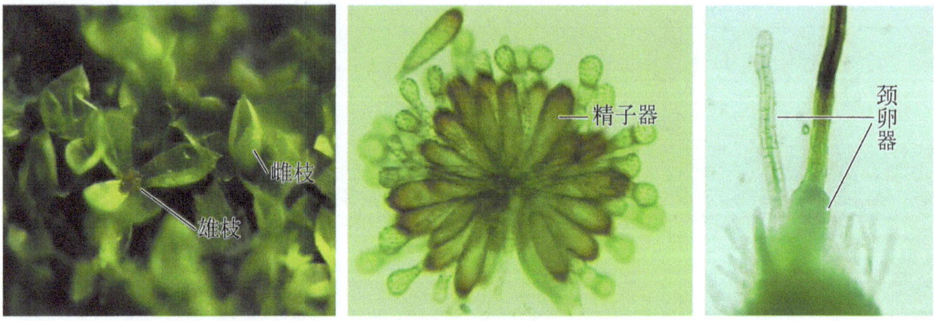

图 6.15 葫芦藓

A. 植物体；B. 精子器；C. 颈卵器

(3) 孢子体观察

取孢子体在解剖镜下观察，可见孢子体寄生在配子体上，可明显分为孢蒴、蒴柄和基足三部分。孢蒴上方具有蒴帽，孢蒴顶部是蒴盖，蒴盖基部有环带，蒴盖打开后，露出蒴齿。孢蒴是无性生殖器官，通过减数分裂产生孢子；蒴柄长，有利于孢子散发；基足插入到配子体内(图 6.16)。

(4) 孢子及孢子萌发观察

将葫芦藓自孢子萌发至茎叶体形成的各个阶段制作成水封片置于显微镜下观察。可见孢子圆形，绿色，在阴湿环境下萌发成原丝体，原丝体产生芽体，由芽体再发育成配子体(图 6.17)。

A B C

图 6.16 葫芦藓孢子体

A. 孢子体；B. 孢蒴；C. 孢蒴结构

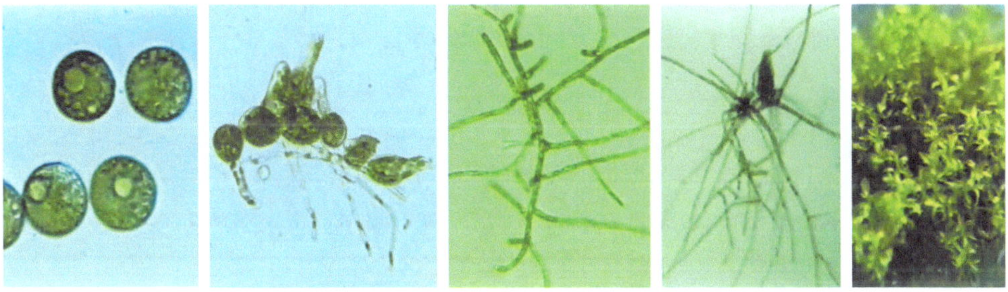

A B C D E

图 6.17 葫芦藓孢子体

A. 孢子；B. 孢子萌发；C. 原丝体；D. 芽体；E. 茎叶体

3. 角苔(*Anthoceros communis*)

角苔为角苔纲的代表植物。取新鲜采集或角苔标本进行观察，可见配子体为叶状体，内部构造简单，细胞无组织分化，每个细胞内含有 1 个大的叶绿体，在叶绿体上一般有 1 个蛋白核。配子体雌雄同株，精子器和颈卵器均埋于叶状体内。孢子体细长呈长针状，依靠基足寄生在叶状体上。孢子囊具有外壁，由多层细胞构成，细胞内含有叶绿体，表面具有气孔，属于半寄生生活；内部具有蒴轴。蒴轴与外壁之间为造孢组织，经减数分裂产生单倍体孢子，同时也产生弹丝(图 6.18)。

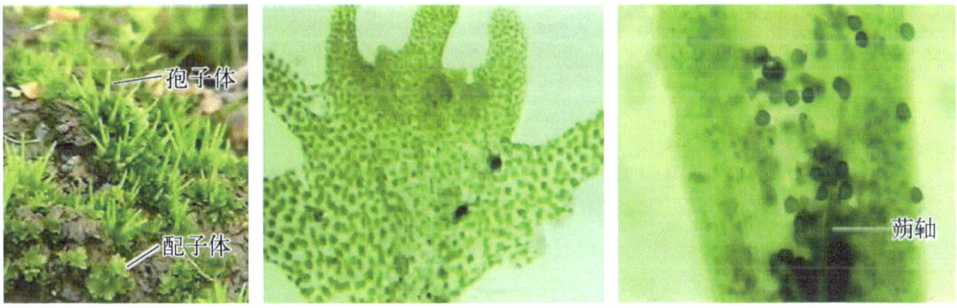

A B C

图 6.18 角苔

A. 植物体；B. 配子体；C. 孢子体(局部)

4. 其他苔藓植物的观察

光萼苔(*Porella*)是叶苔目常见的种类,分布较广。取光萼苔标本制成水封片在显微镜下观察,可见植物体有茎、叶分化。叶由单层细胞构成,共3列,即2列侧叶和1列腹叶。侧叶位于茎左、右,较大,每1侧叶二裂形成两瓣,上面一瓣大的称背瓣,下面一瓣小的称腹瓣。腹叶位于茎下面,较小,与地面接触,由腹面观,叶片呈假5行排列。

泥炭藓(*Sphagnum*)是藓纲泥炭藓目的代表植物。取泥炭藓标本复水后在解剖镜下进行观察,可见泥炭藓茎直立,具分枝,顶端分枝短而密集,成头状,侧枝丛生,有下垂的弱枝与上仰的强枝两种。刮取叶片制作成水封片在显微镜下观察,可见叶片为单层细胞构成,无中肋。叶细胞有两种,一种是含有叶绿体的细长小型细胞,彼此相互连接成网状,是活细胞;另一种是大型无色,细胞壁有螺纹加厚及小孔的死细胞。活细胞环绕着死细胞。

取带有孢子体的植物体观察,可见泥炭藓的孢子体由孢蒴、蒴柄和基足3部分组成。孢蒴球形,上部有一圆形蒴盖(operculum),蒴盖外无蒴帽,孢蒴内有一个半圆形蒴轴。泥炭藓蒴柄极短,基足基部膨大,埋于假蒴柄顶端。泥炭藓的假蒴柄是由配子体小枝顶端延伸而成,十分显著,是该属植物的显著特征。

黑藓属(*Andreaea*)是藓纲黑藓目的代表植物。取黑藓标本在解剖镜下观察,可见植物体棕色或黑棕色,直立生。叶片细胞壁厚,细胞内含有油滴。孢子体的孢蒴长卵形,有蒴帽,无蒴盖,有蒴轴。孢子体蒴柄极短,基足插入由配子体延伸形成的假蒴柄内。

观察其他种类苔藓植物或标本,常见苔藓植物还有:蛇苔(*Conocephalum conicum*)、毛地钱(*Dumortiera hirsuta*)、万年藓(*Clinacium dendroides*)、暖地大叶藓(*Rhodobryum giganteum*)、银叶真藓(*Bryum argenteum*)、青藓属(*Brachythecium*)、塔藓(*Hylocomium proliferum*)等。

【问题与思考】

1. 通过观察可知地钱有哪三种繁殖方式?
2. 地钱的通气孔与种子植物气孔有何区别?
3. 葫芦藓是雌雄同株还是雌雄异株?如何区分?
4. 葫芦藓的蒴帽和蒴盖是孢子体还是配子体?
5. 葫芦藓精子器之间的隔丝的主要作用是什么?
6. 角苔在演化上具有哪些独特之处?
7. 根据实验观察总结苔类和藓类的孢子散发有什么不同?

【作业】

1. 绘地钱叶横切结构图,标注气孔、气室、薄壁细胞层、下表皮、鳞片、假根。
2. 绘地钱孢子体纵切图,标注基足、孢子囊柄、孢子囊、孢子、弹丝。
3. 绘地钱的雄性生殖托纵切图,示精子器。
4. 绘地钱的雌性生殖托一部分结构,示颈卵器。
5. 绘泥炭藓叶片,示二型细胞。
6. 解剖葫芦藓孢子体,绘蒴齿简图。

7. 图示藓类的生活史。

实验8 蕨类植物

【预习与复习】

《植物学》教材有关蕨类植物的章节。

【目的与要求】

1. 掌握蕨类植物的主要特征。
2. 掌握蕨类植物的有性生殖过程，了解蕨类植物的生活史。
3. 学习观察蕨类植物生活史的方法。
4. 识别蕨类植物主要类群重要种类。

【材料与用品】

实验材料：卷柏、石松、问荆、中华水韭、蕨、瓶尔小草、肾蕨、芒萁、海金沙、井栏边草、鳞毛蕨、贯众、蘋、槐叶蘋、满江红等的新鲜材料或标本。

切片与装片：蕨或鳞毛蕨孢子囊切片，配子体发育各阶段（孢子、丝状体、片状体、原叶体）的永久制片。

实验用品：解剖镜、显微镜、载玻片、盖玻片、镊子、吸水纸、纱布、蒸馏水。

【内容与过程】

1. 石松亚门代表植物的观察

卷柏（*Selaginella tamariscina*）为石松亚门常见的植物（图 6.19）。

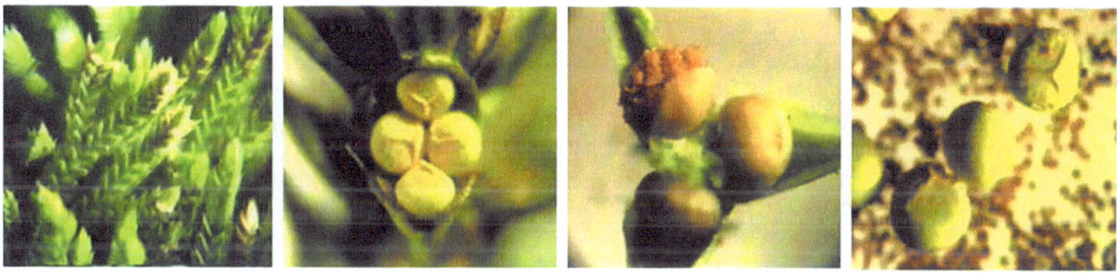

A B C D

图 6.19 卷柏

A. 孢子叶穗；B. 大孢子囊及大孢子；C. 小孢子囊及小孢子；D. 大孢子和小孢子

取卷柏活体材料或浸润标本置于解剖镜下观察，可见其孢子体具有根、茎、叶的分化，茎上叶片呈四行排列，侧叶较大，中叶较小，叶有叶舌。取卷柏的孢子叶穗在解剖镜下观察，注意孢子叶与营养叶的排列方式有何不同。能否在解剖镜下区分大孢子囊和小孢子囊。

另取卷柏孢子叶穗纵切片进行观察，在显微镜下观察大孢子囊和小孢子囊的形态结构，比较大孢子囊内的大孢子与小孢子囊内的小孢子数量的多少、体积的大小、颜色的差别等。卷柏孢子于孢子壁内萌发，在大孢子壁内形成雌配子体和颈卵器，在小孢子壁内形成雄配子体和精子器。

石松(*Lycopodium*)也是石松亚门的代表植物，取石松的标本进行观察，可见其营养枝蔓生匍匐，生殖枝直立，小型叶，螺旋状排列。与卷柏不同，孢子叶集生于枝的顶端形成孢子叶球，孢子囊生于孢子叶腋，孢子同型。

2. 楔叶亚门代表植物的观察

问荆(*Equisetum arvense*)为楔叶亚门常见的植物。问荆孢子体为多年生草本，有营养枝和生殖枝的区别。营养枝在夏季生出，取营养枝节观察，可见营养枝上轮生许多分枝，绿色，能行光合作用。叶为小型叶，鳞片状，在节上轮生，叶基部联合成鞘状。营养枝不能产生孢子囊(图 6.20 A)。生殖枝春季长出，取生殖枝观察，可见生殖枝短而粗，棕褐色，不分枝，枝端能产生孢子叶球，是由许多特化的孢子叶聚生而成，孢子叶形状与营养叶不同，为盾形，顶面为六角形的盘状体，下部有柄，密生在孢子叶球轴上，孢子囊 5～10 枚悬挂于孢囊柄内侧周围，内有孢子母细胞，减数分裂产生孢子(图 6.20 B,C)。孢子同型，最外面的 1 层壁为孢子外壁，分裂形成 4 条螺旋状弹丝包围着孢子，弹丝具有干湿运动，有助于孢子囊的开裂和孢子的散出(图 6.20 D)。

图 6.20 问荆

A. 营养枝；B. 生殖枝，孢子叶球(箭)；C. 孢子叶，孢子囊(箭)；D. 孢子和弹丝

3. 水韭亚门代表植物的观察

中华水韭(*Isoëtes sinensis*)水韭亚门代表植物。水韭的孢子体似韭菜，茎粗短块状，茎下部的纵沟内有许多须状不定根，具根托，茎内有次生生长的结构。叶细长丛生，螺旋状紧密排列，近轴面具叶舌，有大小孢子叶之分。茎的外周多为大孢子叶，而近中间多为小孢子叶。孢子囊生于孢子叶的叶舌下方的 1 个特殊的凹穴中，凹穴常被一些由不育细胞所组成的横隔片所隔开，外有缘膜。大孢子囊含大孢子 150～300 枚，小孢子囊含 30 万枚以上的小孢子。孢子囊没有适应散布孢子的特殊机构，仅靠孢子囊的壁腐烂后散发。配子体极度退化，有雌、雄配子体之分。

4. 真蕨亚门代表植物的观察

蕨(*Pteridium aquilinum*)为真蕨亚门的代表植物。观察蕨孢子体的标本，可见孢子体分根、茎、叶等三部分，茎为根状茎，有分枝，横卧地下，生不定根。叶从根状茎上长出，有长而粗壮的叶柄。叶片大，成熟后平展，呈三角形，2～4 回羽状复叶(图 6.21)。

图 6.21 蕨孢子体及其无性生殖

A. 孢子体；B. 孢子囊群；C. 孢子囊；D. 孢子

孢子囊群和孢子囊观察：蕨孢子囊群生于叶的背面，沿叶缘生长，内有许多孢子囊。观察孢子囊时，从边缘孢子囊群处刮取一点材料，制成临时装片置于显微镜下观察，可见孢子囊具有长柄、孢子囊壁上有细胞壁加厚的环带、唇细胞，孢子囊有辐射对称的孢子。孢子成熟时，由于环带的反卷作用，使孢子囊从唇细胞处横向裂开，并将孢子弹出(图 6.21)。

蕨类配子体发育的观察：实验前要预先培养蕨配子体发育各阶段的材料。蕨孢子在人工培养基上或在适宜的环境下可萌发，首先萌发成为丝状体，丝状体顶端细胞横向分裂形成片状体，最终发育为原叶体。当接种密度较大时，原叶体较小，其上只能产生精子器，为雄配子体；当接种密度较小时，原叶体较大，在原叶体凹刻的下方能产生多数颈卵器，在原叶体的基部或边缘也能产生精子器，成为两性配子体(图 6.22)。

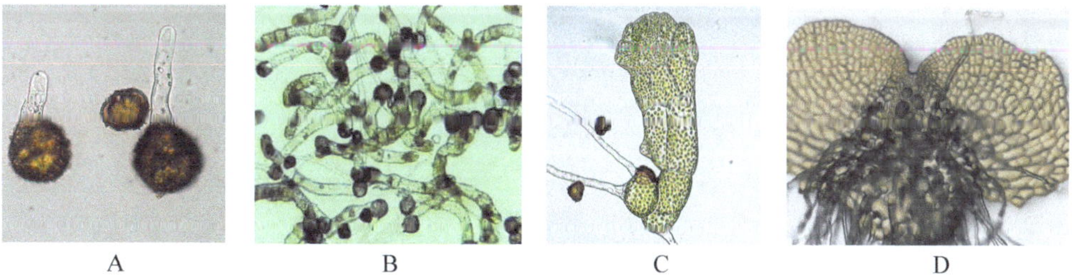

图 6.22 蕨配子体发育

A. 孢子萌发；B. 丝状体；C. 片状体；D. 原叶体

原叶体及有性生殖观察：原叶体是配子体的成体，有 1～2 mm 大小，由一层细胞构成，为绿色、略呈心形，原叶体后端生有假根，假根附近及原叶体的边缘有精子器，在原叶体腹面凹刻处有颈卵器。颈卵器内含有卵细胞。精子器球形，突出于配子体的表面，外层细胞是精子器的壁，成熟后，释放出具鞭毛的游动精子(图 6.23)。

将培养的蕨配子体材料置于带有透射光的解剖镜下观察，可清晰地看到多鞭毛的精子在水中游动情况。当颈卵器成熟时，精子借水进入颈卵器与卵受精，受精卵发育形成幼胚，幼胚发育出子叶、初生根、茎及基足等结构(图 6.23)。

该实验可根据各自不同情况选择不同的种类进行实验，不必拘泥于某种蕨类，如水蕨(*Ceratopteris*)、铁线蕨(*Adiantum*)等都是很好的实验材料。

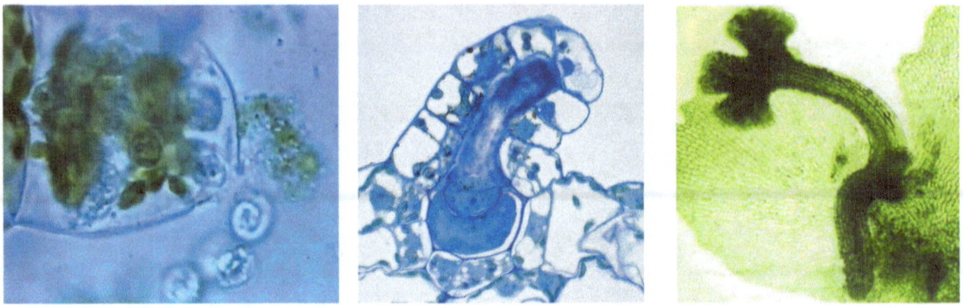

图 6.23 蕨的有性生殖

A. 精子器及精子；B. 颈卵器；C. 幼孢子体

5. 其他蕨类植物的观察

松叶蕨(*Psilotum*)：为松叶蕨亚门代表植物，取松叶蕨标本进行观察，可见其孢子体分根状茎和气生枝，根状茎棕褐色，无真根，仅有假根。气生枝多次二叉状分枝，枝表皮有气孔，上部绿色能营光合作用。叶为鳞片状，小型叶，无叶脉及气孔。孢子囊分 3 室，具短柄，生在孢子叶的叶腋内，孢子同形。

瓶尔小草(*Ophioglossum*)：瓶尔小草是厚囊蕨纲的代表植物，取瓶尔小草孢子体标本观察，可见其叶卵形，单一，全缘，叶脉网状。在叶柄的腹面生出 1 个孢子囊穗，穗上生 2 行孢子囊。孢子囊大，具厚壁。内生多数孢子。

紫萁(*Osmunda japonica*)：紫萁属于原始薄囊蕨纲，取孢子体的营养叶和生殖叶观察，营养叶绿色，生长期长；孢子叶进行无性生殖，产生孢子，孢子囊较大，生于羽片边缘，同时成熟，孢子为四面体型。

蘋(*Marsilea quadrifolia*)：蘋是真蕨亚门薄囊蕨纲蘋目的代表植物，又称四叶蘋或田字草。采集新鲜材料或标本进行观察，其茎长而匍匐，二叉分枝，能无限生长，腹面生不定根。叶有长柄，使叶片漂浮在水面上，叶由 4 片小叶组成。无性生殖产生孢子果(孢子荚)，着生在叶柄基部。孢子果矩圆状肾形，成熟孢子果棕黑色，质坚硬，光滑无毛。孢子果是由叶片变态而成，内生多数孢子囊群，大小孢子囊同生在 1 个孢子囊群中。

满江红(*Azolla*)：是真蕨亚门薄囊蕨纲槐叶蘋目的代表植物，生于水田或静水池塘中。采集新鲜材料或观察满江红标本，可见其植物体小，呈三角形。茎横卧，羽状分枝，须根下垂水中。叶无柄，深裂为上、下 2 瓣，上瓣漂浮水面，营光合作用；下瓣斜生水中，无色素，覆瓦状排列于茎上，内侧的空隙中含有胶质。孢子果成对生在侧枝的第一片沉水叶裂片上，有大、小之分，满江红的叶内含有大量红色花青素，幼时绿色，到秋冬季，转为红色，使江河湖泊中呈现一片红色。

观察肾蕨(*Nephrolepis auriculata*)、芒萁(*Dicranopteris pedata*)、海金沙(*Lygodium japonicum*)、井栏边草(*Pteris multifida*)、鳞毛蕨(*Dryopteris* sp.)、贯众(*Cyrtomium fortunei*)、槐叶蘋(*Salvinia natans*)等的新鲜材料或标本。了解蕨类植物的多样性，总结出蕨类植物的共同特征。

【问题与思考】

1. 什么是同型孢子蕨类？什么是异型孢子蕨类？卷柏属于哪一类？
2. 卷柏的营养枝和生殖枝叶片排列方式有何不同？
3. 问荆属于同型孢子蕨类还是异型孢子蕨类？
4. 问荆的弹丝是如何发育而来的？弹丝的作用是什么？
5. 蕨孢子囊上的环带具有什么作用？蕨散发孢子的机制与问荆有何不同？
6. 如何在显微镜下识别精子器和颈卵器？
7. 为何说蕨类植物比苔藓植物更进化？

【作业】

1. 用图例(简图、文字和箭头)画出蕨类的生活史。
2. 绘蕨类的孢子囊群示意图，引线注明囊群盖、孢子囊、环带和孢子。
3. 绘一个蕨类成熟的原叶体图，并引线注明精子器、颈卵器和假根。
4. 绘蕨类植物茎的横切图，注明维管束。

7 种子植物形态结构和发育

实验9 双子叶草本植物营养器官的观察

【预习与复习】

《植物学》教材有关种子植物的营养器官部分章节。

【目的与要求】

1. 了解双子叶草本植物营养器官的形态发育及内部结构特征以及相互之间的联系。
2. 掌握获得营养器官形态结构特征知识的实验方法。
3. 训练学生徒手切片技术。

【材料与用品】

实验材料：蚕豆（或黄瓜、油菜和刺果毛茛）的全株；蚕豆的种子及不同发育时期的幼苗；绿豆（或大豆）的种子及不同发育时期的幼苗。

切片与装片：蚕豆（或毛茛、花生、南瓜）的幼根、侧根的发生、老根、幼茎、老茎和棉花叶的横切；黄瓜老根横切。

实验用品：光学显微镜、放大镜、解剖用具、载玻片、盖玻片、酒精灯、培养皿、滴管、吸水纸。

试剂：番红水溶液（1%）和蒸馏水。

【内容与步骤】

1. 双子叶草本植物营养器官生长的形态学观察

（1）双子叶无胚乳种子胚的观察

取浸泡的蚕豆种子将两瓣子叶分开，观察胚的结构，可见胚分为子叶、胚轴、胚根和胚芽。

（2）种子萌发和幼苗的形成

观察蚕豆种子子叶留土的萌发情况：取已萌发蚕豆形成的不同发育时期的幼苗，找出子叶与胚芽之间的上胚轴并观察它的伸长状态。可见它的上胚轴的伸长速度明显快于下胚轴而使子叶留在土中，只有胚芽破土而出（图7.1）。

观察绿豆种子子叶出土的萌发情况：取已萌发绿豆形成的不同发育时期的幼苗，找出子叶与胚根之间的下胚轴并观察它的伸长状态。可见下胚轴的伸长速度明显快于上胚轴而使子叶破土而出。胚根向下伸长，形成根系；胚芽向上生长，形成地上的茎叶系统。

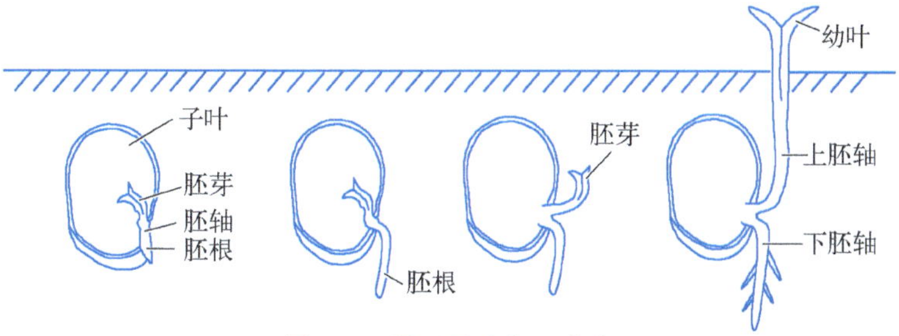

图 7.1　蚕豆子叶留土萌发

观察蚕豆根系的情况：取蚕豆植株，观察根系的组成和形态（图 7.2）。可见主根发达，较粗，向下直立生长，其旁生许多较细的侧根，一级侧根还再分生出二、三级侧根。

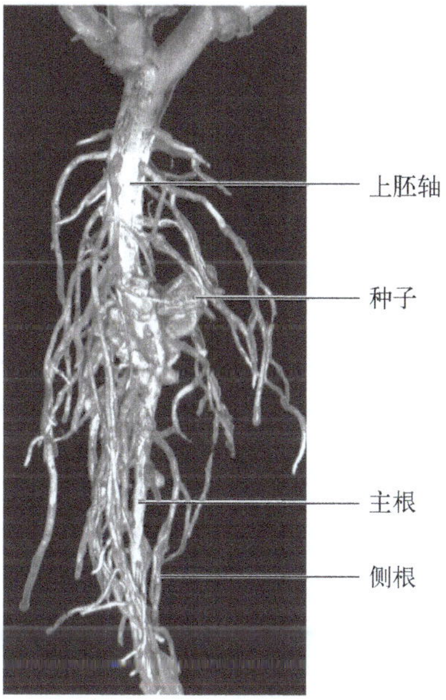

图 7.2　蚕豆根系

观察茎叶形成和芽的发生情况：取已萌发蚕豆形成的不同发育时期的幼苗，观察地上部分茎叶的形成和芽的发生。茎发源于种子中的胚轴。下胚轴末端与极小的根原始体相连；上胚轴很短，带有两片胚芽、第一片三出复叶原基和茎尖。在营养生长期间，茎尖形成叶原始体和腋芽，一些腋芽后来长成主茎上的第一级分枝。子叶展开后，随着上胚轴伸长，从子叶上部节上长出两片对生的单叶与子叶成直角互生，即为真叶。

2. 根的结构

(1) 根的初生结构

取已培养好的蚕豆幼根，截下带根毛的成熟区，做徒手切片。将切片放在盛有 1% 番红水溶液的培养皿中浸泡约 5 min，选取较透明的切片制作水封片，观察蚕豆幼根横切面的以下各部分初生结构（图 7.3）。

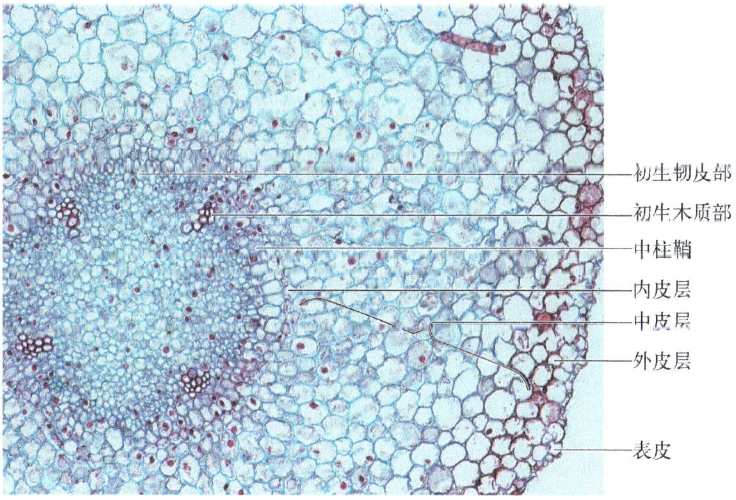

图 7.3　蚕豆根的初生结构

表皮：为一层排列紧密的小型细胞组成，其中某些细胞外切向壁向外突起形成根毛。

皮层：可分为三个层次。外皮层细胞与表皮相邻，排列紧密，细胞体积较小，其加厚的细胞壁部分被番红溶液染成红色。中皮层薄壁细胞层数较多，细胞个大，呈圆形或多边形，具有发达的胞间隙。内皮层细胞一层，细胞体积也较小，排列紧密，有凯氏带增厚，横切面上可见凯氏点结构。

维管柱：为内皮层以内的中轴部分。由中柱鞘、初生木质部、初生韧皮部和薄壁细胞几部分组成。中柱鞘为紧邻内皮层排列紧密的一层薄壁细胞，具有潜在的分裂能力。初生木质部成束存在，共有四束，每束木质部横切面略呈三角形，辐射尖端的原生木质部导管口径小，是较早分化成熟的，后生木质部靠近轴心，导管口径大，是较晚分化成熟的。木质部的发育方式为外始式。初生韧皮部也是四束，与木质部束相间排列，细胞小排列紧密，包含筛管和伴胞，但彼此很难区别。薄壁细胞包括木质部与韧皮部之间的几列薄壁细胞和髓部的薄壁细胞，这些细胞相对皮层薄壁细胞体积较小，其中木质部与韧皮部之间的薄壁细胞具有潜在的分裂能力。

(2) 侧根的形成

取蚕豆侧根发生的横切片，置低倍镜下观察，可见正对着初生木质部束顶端有侧根的生长点，它是由此处的中柱鞘细胞向外作平周分裂，然后向各方向分裂产生的。生长点细胞继续分裂、生长和分化，使其穿过皮层，突破表皮，从而形成侧根插入土壤(图 7.4)。

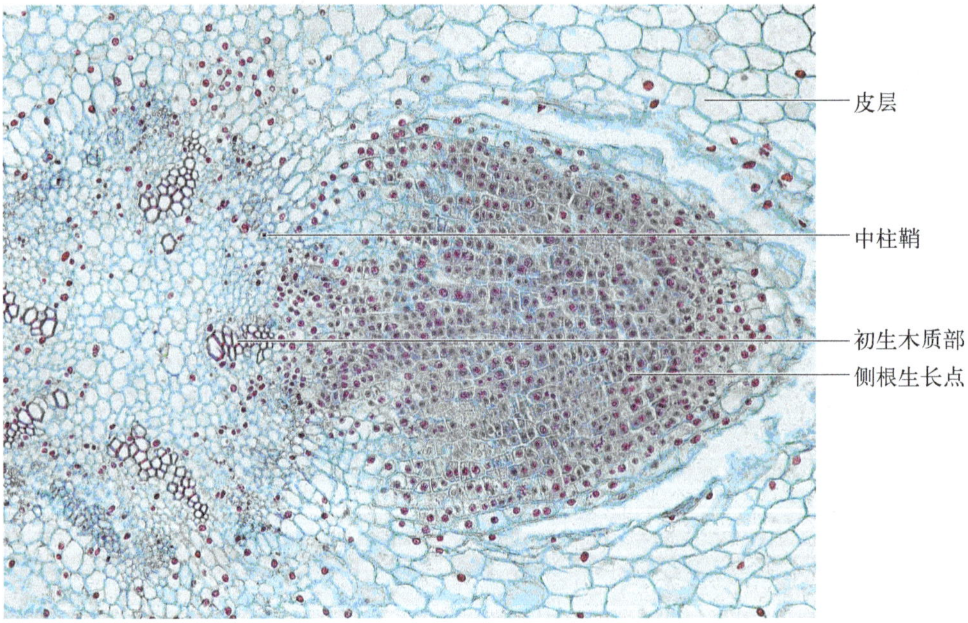

图 7.4 蚕豆侧根的发生

(3) 根的次生结构

截取蚕豆老根部位做徒手切片，可以观察到双子叶植物根的次生结构。将载玻片置于低倍镜下观察，外为周皮，内为维管柱；后转为高倍镜由外至内仔细观察：

周皮：由三部分组成。最外部为木栓层，2～3 层，细胞扁平排列整齐，细胞壁栓质化。

栓内层位于周皮最内层，为薄壁细胞。木栓层与栓内层之间有一层小型分生组织细胞，即木栓形成层。

维管柱：为周皮以内的部分。由外至内为初生韧皮部、次生韧皮部、形成层、次生木质部、初生木质部五个部分。初生韧皮部所占比例较小，位于栓内层内侧，有时被压扁挤毁。次生韧皮部居于初生韧皮部以内，形成层外方，包括筛管、伴胞、韧皮纤维和韧皮薄壁细胞，与初生韧皮部不易区分。形成层围绕在次生木质部之外，成一个圆圈，为几层排列整齐的扁平细胞组成，但只有一层细胞具有分裂能力。形成层细胞向外分裂、分化形成次生韧皮部，向内分裂、分化形成次生木质部。次生木质部位于形成层之内，所占比例较大，由导管、管胞、木纤维和木薄壁细胞组成。导管口径大，细胞壁较厚，被染成红色；管胞口径小，靠近导管；木纤维口径小，细胞壁很厚，也呈红色；木薄壁细胞被染成蓝色分布其间。在较老的根中，次生木质部与次生韧皮部中还产生了一种新组织，其细胞呈径向排列，由内向外呈放射状，即维管射线。初生木质部居维管束中心，由一些小导管细胞组成四束，呈十字形排列。

同时可取黄瓜老根横切片观察，与蚕豆根相比其特点是：维管束为三束，因此射线十分明显且较宽；维管形成层不很明显；韧皮纤维呈蓝色，细胞壁厚且成束存在，清晰可见。

取一段蚕豆植株根与茎之间的过渡区域（即土壤表面附近的部分），由下向上做连续的徒手切片，或取蚕豆根茎过渡区永久切片，观察它们的根与茎之间的维管束是如何连接在一起的，注意后生木质部的分叉、倒转和并合的过程。

3. 茎的结构

(1) 茎的初生结构

茎的初生生长是由茎尖顶端分生组织形成的。观察茎的初生结构时可以在蚕豆茎尖下部做徒手切片，或取蚕豆幼茎横切片观察，从外向内其茎的初生结构如下（图 7.5）。

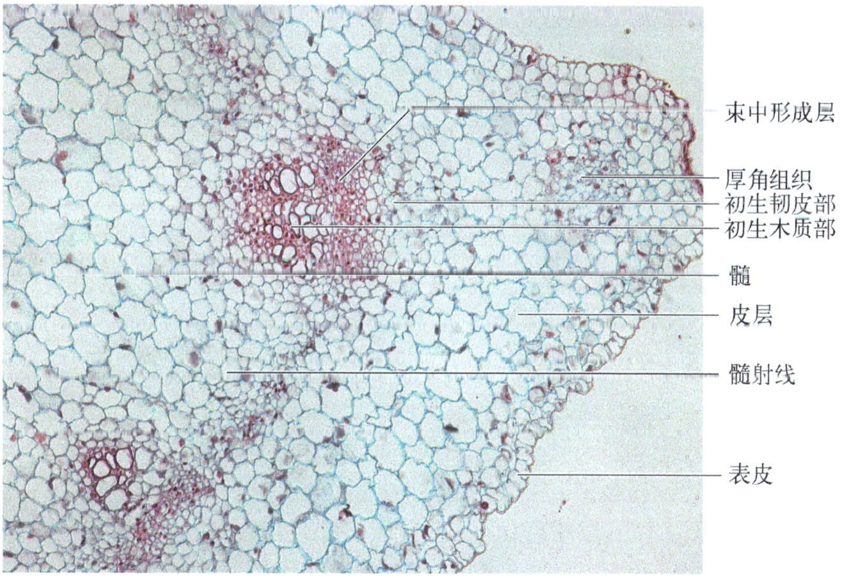

图 7.5 蚕豆茎的初生结构

表皮：茎的最外面一层细胞排列整齐，外切向壁常角质化，表皮上有少量气孔，有时可见表皮毛。

皮层：为表皮内侧的几层细胞，由厚角组织及薄壁组织构成，在茎棱处的表皮下方有成束的小型厚角组织细胞分布。

维管柱：为皮层以内的部分，包括维管束、髓和髓射线。维管束几乎连成一环，每束维管束有初生木质部、初生韧皮部和束中形成层组成，木质部与韧皮部为内、外并列，两者之间有几层扁平的形成层细胞。木质部近中心的导管口径小，近韧皮部的导管口径大，导管被染成红色，木质部的发育方式为内始式。韧皮部的细胞分化不明显。髓位于茎的中央，由薄壁细胞组成，所占比例较大，比根发达。髓射线是在各维管束之间由几列薄壁细胞组成的放射状排列的射线，内连髓部，外连皮层。

(2) 茎的次生结构

取蚕豆老茎横切永久制片，在显微镜下观察双子叶草本植物茎的次生结构。注意茎中除了保留有初生结构外，又形成以下结构(图 7.6)。

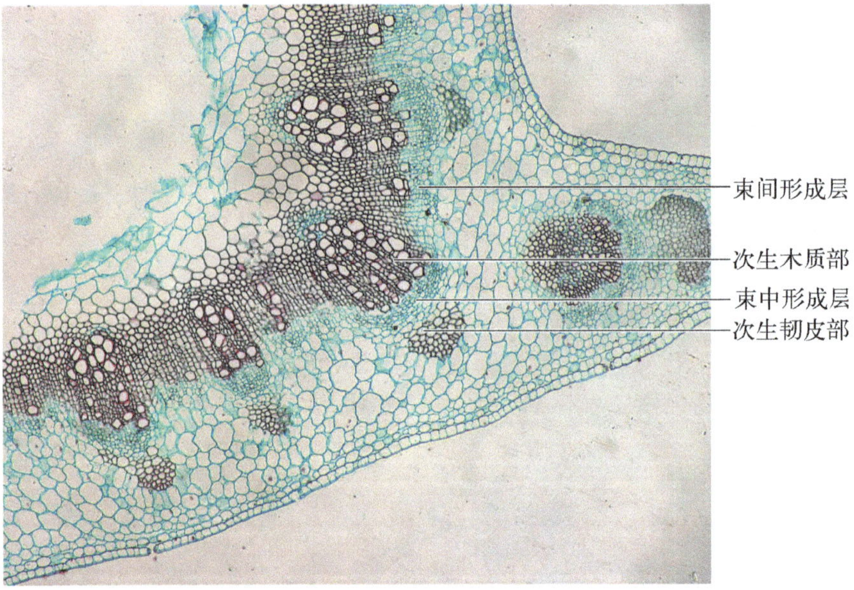

图 7.6　蚕豆茎的次生结构

束间形成层：由髓射线的部分薄壁细胞恢复分生能力而形成，与束中形成层连接成环状的维管形成层。形成层细胞在横切片上呈扁平状态，排列整齐而紧密，细胞壁薄，着色较浅。

次生韧皮部：位于维管形成层的外侧，呈多层细胞的环带状，由形成层向外平周分裂出的细胞衍生而成，其细胞成分与初生韧皮部略同。

次生木质部：位于维管形成层的内侧，亦为多层细胞的环带状，由形成层向内分裂出的细胞衍生而成，细胞成分与初生木质部略同，但整个次生木质部的木质化程度更甚，其中导管的口径也更大。

4. 叶的结构

取棉花叶过中脉做徒手切片或直接观察其横切面永久制片，显微镜下可见下列结构(图 7.7)。

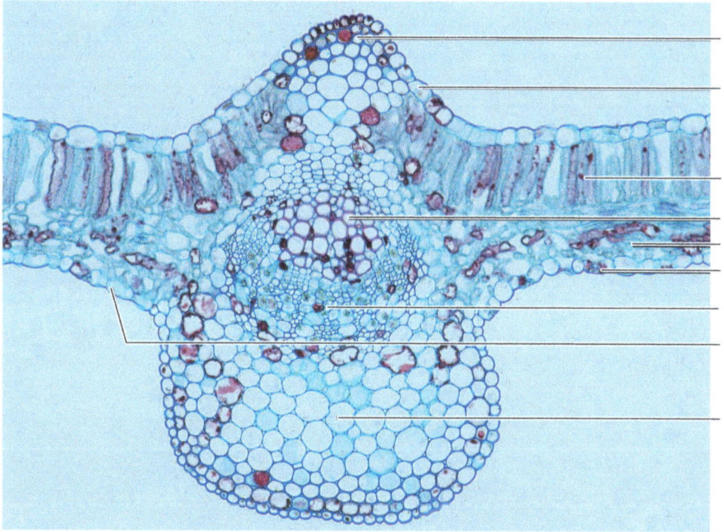

图 7.7 棉花叶的内部构造

表皮：由一层排列整齐的细胞组成，近轴面一侧的即为上表皮，远轴面一侧的即为下表皮。表皮外壁常有角质层覆盖，并有表皮毛结构或脱落。通常在下表皮上还有气孔器存在，注意分辨两个保卫细胞和气孔结构。

叶肉：棉花叶肉细胞分化为栅栏组织和海绵组织。栅栏组织细胞在上表皮之下，由一层圆柱形细胞组成，排列整齐，恰似栅栏状排列，细胞间隙较小，细胞内富含叶绿体。而海绵组织位于栅栏组织和下表皮之间，细胞形状不规则，排列不整齐，细胞间隙极发达。

叶脉：叶的中部是大型叶脉，即主脉。主脉近上下表皮处均有机械组织起支持作用。再向内为基本组织，靠下表皮基本组织较多，形成了明显的突起。维管束位于主脉中央，呈倒扇形，上部为木质部，导管成串排列呈放射状，导管之间为薄壁细胞；下部为韧皮部，细胞小而致密。叶肉中分布有许多横切、纵切或斜切的侧脉，即维管束。每束叶脉外可由维管束鞘包围，内含木质部和韧皮部。叶脉越细，其结构越简单，木质部仅有导管，韧皮部仅有筛管。

【问题与思考】

1. 我们所食用的绿豆芽实际上是哪一部分？
2. 种子萌发过程中，子叶是否出土，由何种原因决定？
3. 在显微镜下如何将根尖各区的细胞区分开？
4. 比较根与茎的初生结构，并思考它们之间的维管束是如何连接在一起的？

【作业】

1. 绘蚕豆根初生结构轮廓图。
2. 绘蚕豆茎初生结构轮廓图。

3. 绘棉花叶内部结构轮廓图。

实验10 单子叶植物营养器官的观察

【预习与复习】

《植物学》教材有关种子植物的营养器官部分章节。

【目的与要求】

1. 了解单子叶草本植物营养器官的形态发育及内部结构特征。
2. 比较与双子叶草本植物营养器官形态结构特征的区别。
3. 训练学生整体透明封片技术。

【材料与用品】

实验材料：小麦(或玉米)的成熟干燥种子、浸泡种子、幼苗以及全株。洋葱的不定根。

切片与装片：小麦(或水稻)的种子纵切；洋葱根尖的纵切；小麦的根、茎和叶横切；小麦叶表皮细胞压片；鸢尾根横切片；玉米的茎和叶横切。

实验用品：光学显微镜、放大镜、解剖用具、载玻片、盖玻片、培养皿、滴管、吸水纸。乳酸酚溶液、甘油(30%)和碘液。

【内容与步骤】

1. 单子叶植物营养器官生长的形态学观察

(1) 小麦种子的形态学观察

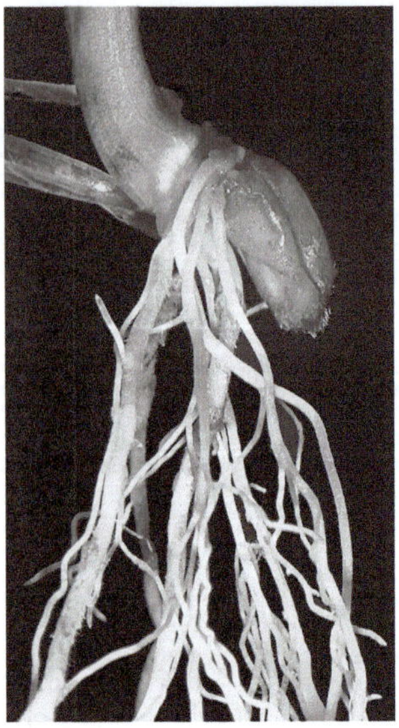

图 7.8 小麦根系

取小麦成熟干燥和浸泡种子观察其形态结构。小麦籽粒较小，呈椭圆形；籽粒一侧有一条纵沟，即腹沟；籽粒一端有果毛，另一端有一个很小的近圆形突起便是胚。用低倍镜观察小麦籽粒纵切片，或将浸泡种子进行解剖后在解剖镜下观察其内部结构，可见盾片(即子叶)、胚芽、胚芽鞘、胚根、胚根鞘、胚轴、胚乳和外胚叶。

(2) 种子萌发和幼苗的形成

观察小麦种子萌发成幼苗的情况：取小麦种子萌发不同发育时期的幼苗，了解不同发育时期幼苗的形态结构。胚根鞘突破种皮和果皮首先生出，随后胚根突破胚根鞘长出形成幼苗的主根。主根出现后不久，从胚轴的上方先后生出一对或两对和主根同样粗细的不定根，它们与主根都属于种子根(或初生根)，小麦的种子根为3～5条。上胚轴伸长使胚芽长出地面，形成子叶留土幼苗。

观察小麦根系的情况：取小麦植株，观察根系情况(图7.8)。注意小麦的根系没有明显的主、侧根之分，均为不定根，属须根系。

观察茎叶形成和节的形态：取小麦种子萌发不同发育时期的幼苗，观察上胚轴和胚芽迅速向上生长，形成幼苗的主茎。当种子根长到一定长度后，胚芽鞘的尖端穿出土面，里面的第一片幼叶生长出来，数日后第二片叶出现。主茎有明显的节和节间之分，节间中央部分萎缩，节向外突起。

2. 单子叶植物根的结构特征

(1) 根尖的结构

植物幼根的前端为根尖，它是顶端分生组织的所在，而根毛区又是根部吸收水分和矿质营养的关键部位。取已培养好的洋葱鳞茎，选择生长良好而直的不定根，用刀片切下顶端约1 cm长的一段，做整体透明封片，在显微镜下观察根尖的四个部分(图7.9)：

根冠区：在幼根的最先端，略为透明的部分，像一顶帽子遮盖生长点。其外层细胞排列疏松，能分泌黏液，部分外围细胞已经被破坏，内层细胞小而规则，排列紧密。

分生区(生长点)：于根冠内侧，正方体细胞体积小，壁薄，排列紧密，分裂旺盛。生长点细胞向前分化为根冠，向后分化为根的初生结构。

伸长区：在生长点之后，为光滑无根毛的部分。细胞纵向伸长，并已开始出现导管和筛管的分化。

根毛区(成熟区)：位于伸长区之后，密布白色绒毛，即具根毛的部分。其内部细胞已停止生长，分化成熟，在高倍镜下观察可见不同增厚形式的导管分子。

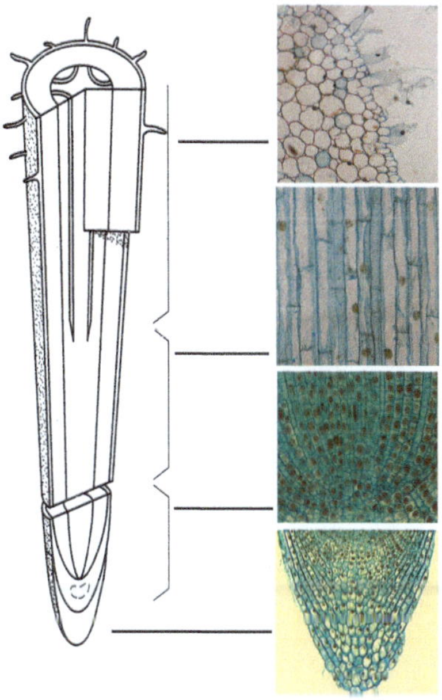

图7.9　洋葱根尖

(2) 根的初生结构

取已培养好的小麦幼根，截下带根毛的成熟区，做徒手横切片。将切片放在盛有1%番红水溶液的培养皿中浸泡约5 min，选取透明的切片制作水封片，观察小麦幼根横切面的以下各部分初生结构(图7.10)：

表皮：根的最外一层细胞，排列紧密整齐，有时可观察到有根毛残体。

皮层：近表皮1～3层的皮层细胞形小而壁厚，为机械组织。在其内侧为皮层薄壁组织，其细胞排列整齐，呈同心辐射状排列，由内向外细胞逐渐增大，胞间隙发达。在老根中皮层薄壁组织细胞破裂形成通气组织。内皮层细胞五面增厚，横切面为马蹄形增厚。注意区分通道细胞。

维管柱：中柱鞘是维管柱最外边排列紧密的一圈小细胞，它的内部是相间排列的初生韧皮部和初生木质部，两者之间是薄壁细胞。木质部为多原型。原生木质部细胞口径较小，发生早，染色较深，在外部。后生木质部口径较大，发生晚，染色较浅，在内侧。每束后生木质部与外边的原生木质部相对。初生韧皮部的细胞在低倍镜下不易

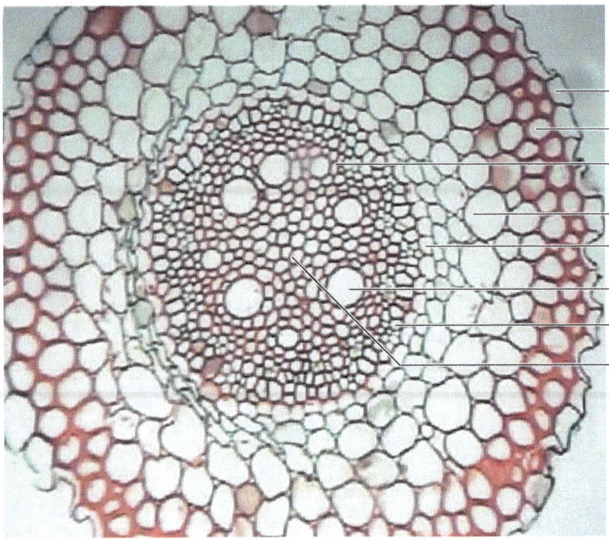

图 7.10 小麦根的初生结构

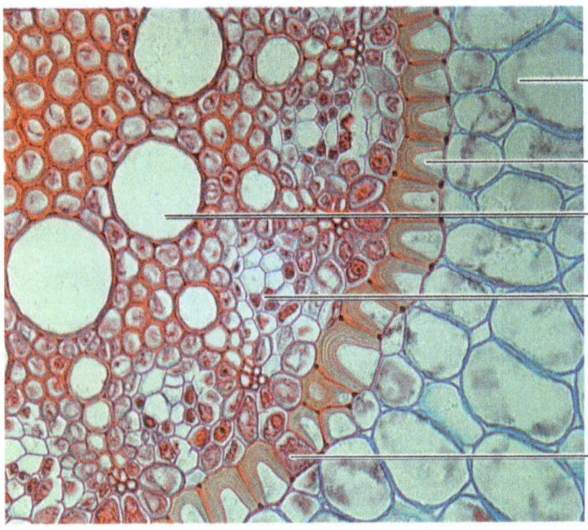

图 7.11 鸢尾根的初生结构

观察，可转到高倍镜下观察，原生韧皮部在外，后生韧皮部在内。维管柱中央是由大型薄壁细胞组成的髓。在较老的根中，维管柱内除韧皮部外所有细胞都木质化增厚。

可取小麦根横切面永久制片对照观察。

在鸢尾根的内部构造切片中，可以更清楚地观察到内皮层上的马蹄形增厚以及木质部顶端对着的中柱鞘细胞(图7.11)。

3. 单子叶植物茎的结构特征

取小麦茎做徒手切片，制临时水封片观察其茎初生结构特点如下(图 7.12)。

表皮：位于茎最外一层，由长细胞、短细胞和气孔器组成，细胞排列紧密，外壁常有角质或硅质化突起，并有少量气孔分布。

基本组织：在表皮下方有 3 层细胞为常含叶绿体且细胞壁增厚的小型的下皮层细胞。下皮层内侧是由薄壁细胞组成的基本组织，其中分布有 2 轮较小的维管束。茎中央的薄壁细胞解体，形成了大的髓腔。

维管束：维管束共有 2 轮，外轮维管束分布于机械组织中，较小；内轮维管束排列于基本组织中，较大。每束维管束有维管束鞘包围，木质部近茎中心，呈“V”字形，开口端各有一个较大的孔纹导管，下部尖端可见环纹或螺纹导管及较明显的原生木质部腔隙，木质部其余部分为木纤维和木薄壁细胞。韧皮部在木质部的外方，较大且呈多边形的细胞为筛管，较小且呈方形或三角形的细胞为伴胞。注意观察木质部与韧皮部之间是否有形

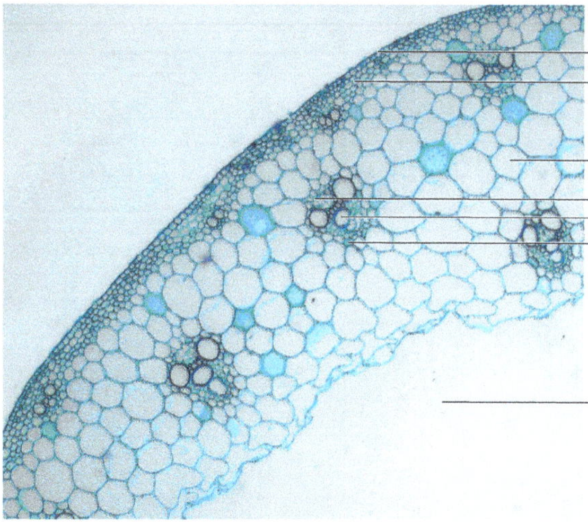

图 7.12 小麦茎的初生结构

成层存在。

可取小麦茎横切面永久制片对照观察。

取玉米茎的横切片进行观察，与小麦茎的区别主要在于茎的中央没有髓腔，而由基本组织填充；维管束分散在基本组织中，外方多而小，分布比较密集，近中央则少而大，分布比较稀疏。维管束等其他结构与小麦茎基本相似。

4. 单子叶植物叶的结构特征

取小麦叶过叶脉做徒手切片或直接观察其横切面永久制片，在显微镜下可见下列结构（图 7.13）。

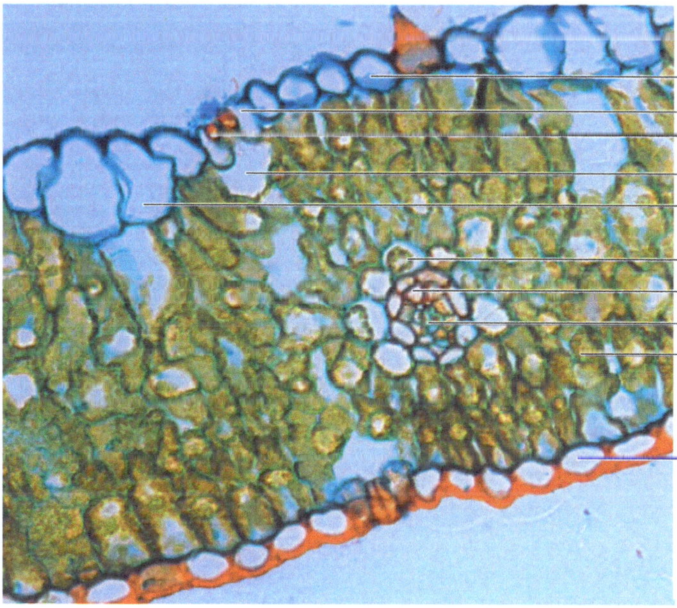

图 7.13 小麦叶的内部构造

表皮：叶的上、下方都有一层细胞的表皮。靠木质部一侧为上表皮，韧皮部相对一侧为下表皮。表皮细胞外切向壁角质化、硅质化明显。两个叶脉之间的几个上表皮细胞为特化的大型泡状细胞，中间的较大，两旁的较小，在叶横切面上呈扇形排列。除泡状细胞外，表皮细胞间还有气孔器，在气孔下方的空腔为孔下室。

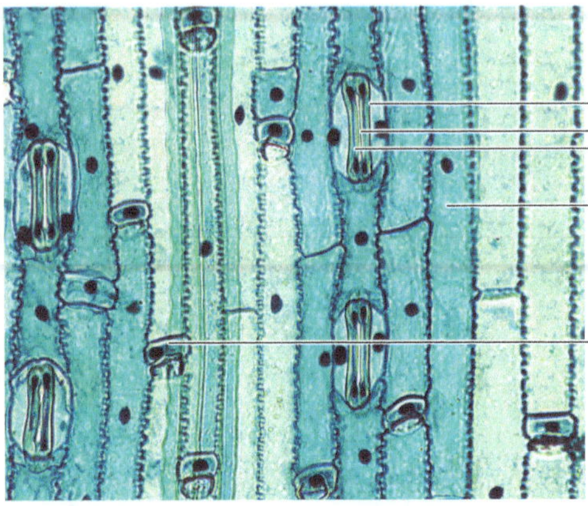

图 7.14 小麦叶下表皮

取小麦叶下表皮细胞正面观压片观察，可见其表皮细胞呈纵行整齐地排列，除有普遍的长形表皮细胞外，还有 2 种成对而生的短细胞，一是硅质细胞，另一是栓质细胞，两者交替排列成行。在表皮细胞间有气孔器，它由 4 个细胞组成，其中两个呈哑铃形的是保卫细胞，其中部狭窄，壁厚，两端膨大成球状，壁薄，并可见到叶绿体。保卫细胞两侧的两个呈三角形的小细胞为副卫细胞，无叶绿体（图 7.14）。

叶肉：没有栅栏组织和海绵组织的分化，为等面叶。叶肉细胞形状不规则，由几层间隙较小的大型薄壁细胞组成，排列紧密，细胞壁具有内褶，细胞内含叶绿体多。

叶脉：在叶肉中分布着大小不等、平行排列的维管束。维管束内没有形成层。木质部靠近上表皮，韧皮部靠近下表皮。维管束外有两层细胞构成的维管束鞘，外层细胞大而壁薄，所含的叶绿体较叶肉细胞少；内层细胞小而壁厚。

取玉米叶横切片观察，其结构与小麦大致相似，不同点是它的维管束外有一层维管束鞘，是由较大的薄壁细胞组成的，细胞内含的叶绿体比叶肉细胞多，维管束鞘与外侧紧密毗连着的一圈叶肉细胞组成“花环状”。

【思考题】

1. 小麦和蚕豆的根系从形态和组成上看有何区别？
2. 小麦茎与蚕豆茎的初生构造有何异同？
3. 为什么小麦叶肉细胞的细胞壁内褶，且含叶绿体多？
4. 小麦叶和棉花叶的内部结构有何差异？

【作业】

1. 绘小麦根的初生结构轮廓图。
2. 绘小麦茎的初生结构轮廓图。
3. 绘小麦叶的内部构造简图。
4. 绘小麦叶下表皮的气孔器简图。

实验11 木本植物营养器官的观察

【预习与复习】

《植物学》教材有关种子植物的营养器官部分章节。

【目的与要求】

1. 了解双子叶木本植物的形态结构特征。
2. 了解双子叶木本植物芽的构造。
3. 识别裸子植物茎的解剖三切面。
4. 训练学生的木材离析制片技术。

【材料与用品】

实验材料：桃等若干种双子叶木本植物和裸子植物的多年生枝条。

切片与装片：椴树属(或海桐、柳属、杨属等)多年生茎的横切；蓖麻顶芽纵切。

标本：松属植物茎段三切面标本。

实验用品：光学显微镜、放大镜、解剖用具、载玻片、盖玻片、滴管、吸水纸、试管、水浴锅、培养皿、玻璃棒、试管架、小刀、小烧杯、恒温培养箱、10%硝酸、10%铬酸和蒸馏水。

【内容与步骤】

1. 枝条的形态观察

取多年生桃的枝条(图7.15)，观察其形态结构并识别其上的节与节间、顶芽与腋芽、叶痕、维管束痕、芽鳞痕和皮孔，并根据芽鳞痕判断枝条的生长年龄。

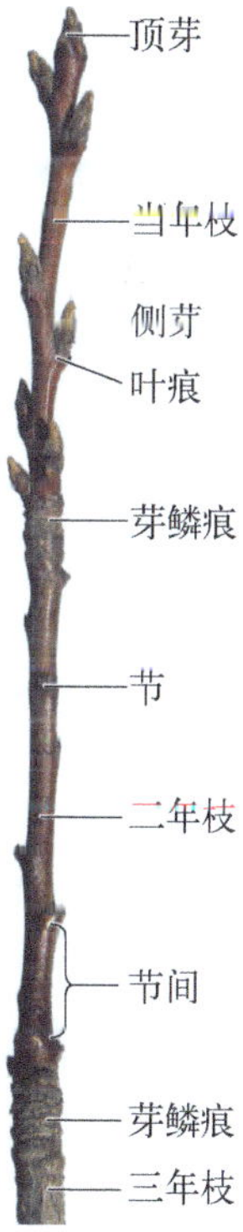

图7.15 桃的枝条的形态

2. 芽的结构观察

取一蓖麻枝条，用镊子将一顶芽取下，用刀片将其纵剖为二，再用放大镜或在解剖镜下观察顶芽的结构。芽的最外面几层是较硬的鳞片状叶，即芽鳞。将芽鳞剥掉，可见芽顶端为生长锥，中间为芽体(芽轴)，两侧突起为叶原基，叶原基下面为幼小的幼叶，在幼叶叶腋处还有腋芽原基。

也可取蓖麻顶芽纵切永久制片置于显微镜下对照观察(图7.16)。

3. 茎的横切片观察

取三年生椴树茎横切片于显微镜下观察，由外向内依次可见(图7.17)：

表皮：一层排列紧密的细胞组成，外面常被有一层角质层，三年生以上的茎中，表皮常常脱落或残缺不齐。

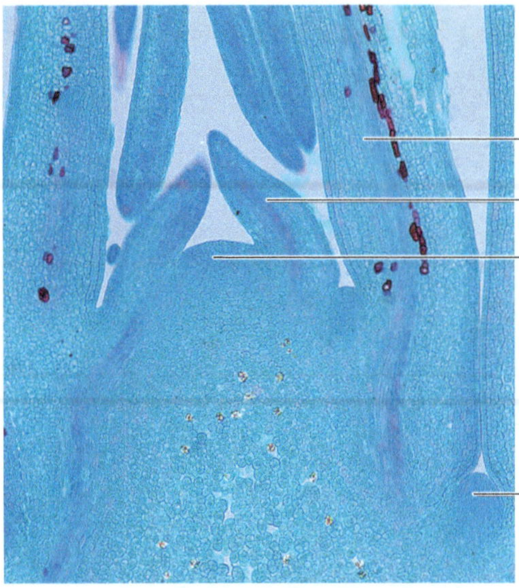

图 7.16 蓖麻顶芽的结构

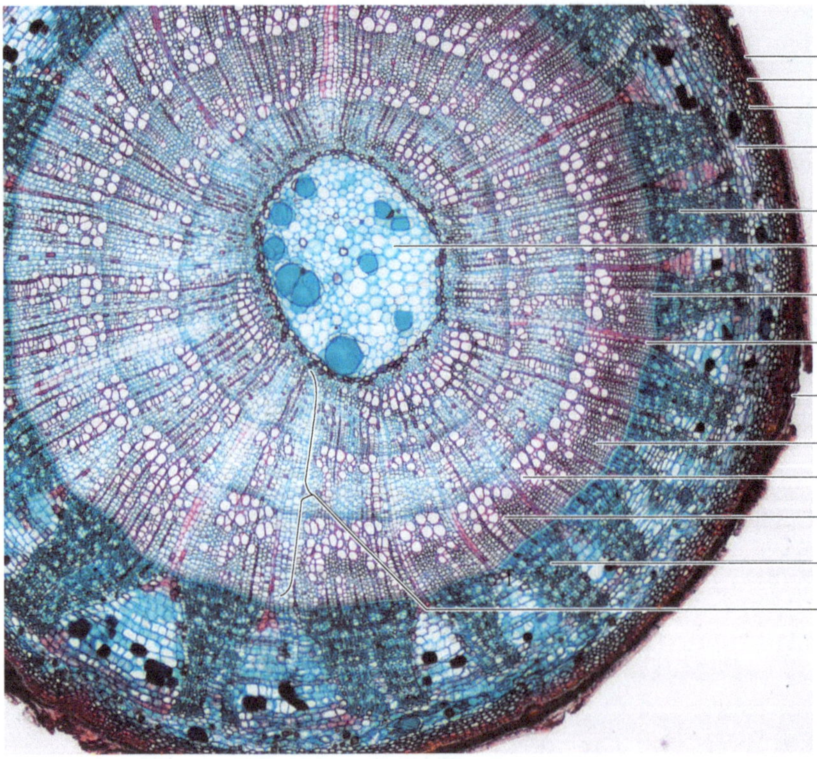

图 7.17 三年生椴树茎的横切

周皮包括木栓层、木栓形成层、栓内层和皮层。木栓层由多层扁平的、排列整齐紧密的死细胞组成，细胞壁栓质化加厚。木栓形成层为一层小型分生组织细胞。栓内层由几层薄壁细胞构成，具细胞间隙。皮孔是在周皮上两边拱起的裂口，皮孔两侧拱起的是周皮，裂孔的内方是一些细胞间隙很大、排列疏松的圆球形薄壁细胞，可透气。

皮层：是紧靠栓内层的几层薄壁细胞，与栓内层较难区分，比栓内层细胞壁薄，且细胞较大。

次生韧皮部：由形成层向外分裂而来，排列呈梯形。其中，韧皮纤维被染成红色，韧皮薄壁细胞、筛管和伴胞被染成深浅不同的绿色。在韧皮部中呈放射状排列的薄壁细胞是韧皮射线。

维管形成层：一层扁平排列整齐紧密的细胞，细胞质浓，细胞核明显。

次生木质部：在维管形成层以内，所占比例较大。在三年生的椴树茎中可以明显看到三个同心环年轮。在低倍镜下就可观察到春天形成的木质部各类细胞口径大，壁薄，为早材；秋天形成层细胞分裂分化的木质部各种细胞口径小，壁厚，特别是导管分子更为显著，被染成深红色，即为晚材。椴树茎的横切面上，前一年的晚材与第二年的早材之间，导管的口径大小区别十分明显，为年轮线。木射线在木质部中为1～2列薄壁细胞。

髓：位于茎的中心，由大型薄壁细胞组成，占横切面的很少部分。有些植物髓细胞中含草酸钙簇晶。

髓射线：分布在维管束之间，由髓部直达皮层，在韧皮部变宽呈喇叭形。

4. 茎的三切面观察

取一段多年生松属茎三切面标本(图7.18)，注意根据三个不同的切面上次生木质部(木材)各种组织的分布及形态特征建立茎结构的立体观念。在这三种切面中，射线的形状最为突出，可以作为判别切面类型的指标。注意年轮线的排列方向。

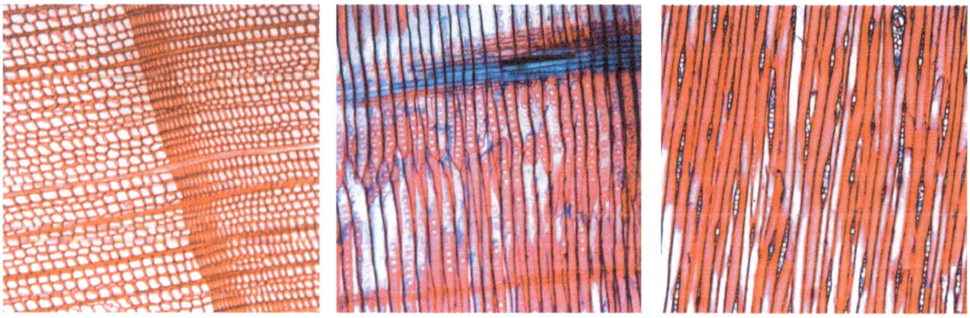

图7.18 松属木材的横切面、径向切面和切向切面

横切面：可以看出细胞的直径大小和横切面的形状。管胞呈四边形或多边形，具缘纹孔在管胞的径向壁上呈剖面观；木射线呈放射状排列，仅一列细胞宽，是长方形的薄壁细胞，此切面可显示木射线的长度和宽度。注意树皮的厚度和色泽。树皮内是木材，注意观察年轮线、边材和心材。

径向切面：管胞呈纵向排列，细胞长梭形，细胞壁上的具缘纹孔呈正面观；木射线细胞呈纵切状态，横向排列，能见其壁上有单纹孔与茎轴面垂直，此切面可显示木射线的高度和长度。

切向切面：管胞呈纵向排列，壁上的具缘纹孔呈剖面观；木射线是横切状态，轮廓大约为梭形；此切面可以显示木射线的高度与宽度，细胞的列数和两端细胞的形状。

5. 木材细胞离析实验

取若干种双子叶木本植物和裸子植物的多年生枝条，分别将其木材离析制片（具体见2.4），比较观察它们的木质部细胞组成和形态结构特征，利用显微测量技术测量导管、管胞和纤维细胞的长度和宽度。

【思考题】

1. 如何鉴别枝条上的叶痕、维管束痕与芽鳞痕？
2. 芽中的幼叶和腋芽原基分别发育成什么？
3. 髓射线和维管射线的来源和形态有何不同？
4. 木材的切向切面、径向切面和横切面之间有何不同？
5. 木材上的花纹是怎样形成的？
6. 双子叶木本植物和裸子植物木质部的组成结构有何差异？

【作业】

1. 绘海桐顶芽结构图。
2. 绘三年生椴树茎的横切简图。
3. 测定一种木材的纤维、导管或管胞的长度和宽度。

实验12 植物营养器官形态类型及其变态的观察

【预习与复习】

《植物学》教材有关种子植物的营养器官及其变态类型的章节。

【目的与要求】

1. 了解种子植物根、茎、叶的各种常见形态类型，为植物分类的学习奠定理论基础。
2. 通过观察植物营养器官各变态类型的特点，了解其生理功能和对环境的适应性。

【材料与用品】

实验材料：番茄、水稻、玉米的带根系植株；常春藤、菟丝子、莎草、一串红、仙人掌、芹菜、牵牛、葎草、豌豆、铁线莲、爬山虎、草莓、银杏、茉莉、山楂、南瓜、天门冬、莲、美人蕉、车前、棕榈、月季、合欢、牡荆、酢浆草、橘、夹竹桃、菝葜、刺槐、猪笼草等的植株；萝卜、胡萝卜、红薯、马铃薯、莲藕、荸荠、洋葱等的变态器官。

实验用品：解剖镜、放大镜、镊子、解剖刀、解剖针、剪刀、双面刀片、培养皿、吸水纸。

【内容与过程】

1. 根系的类型

根由于发生的部位不同分为主根、侧根和不定根。一株植物地下部分所有根的总体，称为根系。根据这三类根在根系中存在与否和发育程度，将根系分为直根系和须根系。

(1) 直根系

主根发达、明显，极易与侧根相区别，由这种主根及其各级侧根组成的根系，称为直根系。大多数裸子植物和双子叶植物的根系属直根系，如棉花、蒲公英、大豆、番茄、桃等。

(2) 须根系

主根不发达，早期停止生长或枯萎，由茎基部节上产生大量的不定根，这些不定根继续发育，形成分枝，整个根系形如须状，这种根系称为须根系。一般单子叶植物，如大麦、小麦、水稻、燕麦、蒜、葱等，其根系均属须根系。

(3) 变态类型

根的变态类型可分为贮藏根和气生根两类。

贮藏根适应于贮藏大量营养物质，有肉质直根和块根两大类。① 肉质直根：观察萝卜和胡萝卜等标本，它由主根肥大而成。上部是下胚轴发育而来，下部由主根发育而来。这两部分经过强烈的次生生长和三生生长(即由副形成层分裂产生的生长)形成了肉质直根。对比观察萝卜和胡萝卜横切面，可见前者次生木质部发达，为主要可食部分，次生韧皮部和周皮是最外面可剥下部分；后者则是次生韧皮部发达，次生木质部为中间的“芯”。② 块根：观察红薯、麦冬等标本，与肉质直根不同，它主要由侧根或不定根经过增粗生长膨大而成，因此，一株植物可以形成多个块根。块根也是由次生生长和三生生长增粗的。

气生根是指生长在植物地面以上部分产生的根，功能多样。可分为支柱根、攀援根和寄生根三类。

① 支柱根：观察玉米等标本。在茎基部几个节上生有许多不定根，这些不定根可深入土中起吸收和支持作用。② 攀援根：观察常春藤等标本，其茎细长柔弱，生有无数不定根，以其攀援其他物体。③ 寄生根：观察菟丝子标本。菟丝子无叶，不能自养，它借助于由不定根转化而成的吸器(即寄生根)伸入寄主茎内，吸收寄主的营养。

2. 茎的类型

(1) 茎的外形

茎具有节和节间的分化，节上生有叶。茎的顶端和叶腋处都生有芽。叶脱落后，节上留有叶痕。大多数种子植物茎的外形为圆柱形，也有少数植物的茎有其他形状。如莎草科植物的茎呈三角柱形；唇形科植物的茎为方柱形，如一串红；有些仙人掌科植物的茎为扁圆形或多角柱形，芹菜的茎为多棱柱形等。

(2) 木质茎和草质茎

根据茎中所含木质化细胞成分的多少，分为木质茎和草质茎两大类。

木质茎：茎里有维管形成层，能够形成坚硬的木质部，增加茎的坚固性，这类植物就是乔木和灌木，如香樟和夹竹桃。木质茎多为实心(竹类的节间为中空的)。

草质茎：草质茎有多种类型，有的是 1 年生的，只能生活一个生长季；有的是 2 年生的；

也有的是多年生的。草质茎除实心外，也有中空的，如蕹菜等。禾本科的部分植物，在节间的地方是中空的，而在节的地方则是实心的。

(3) 茎的习性

不同植物的茎由于适应不同的环境而形成不同的生长习性。

直立茎：茎背向地面而生，直立，如荠菜。

缠绕茎：茎细长，柔弱，不能直立，以茎本身缠绕他物上升。根据旋转方式可分为① 左旋：如牵牛、菜豆。② 右旋：如葎草、薯蓣。

攀援茎：茎细长、柔弱，不能直立，以特有的结构攀援他物上升。它们有 5 种攀援结构：① 卷须，如瓜类、葡萄、豌豆。② 气生根，如常春藤、络石。③ 叶柄，如旱金莲、铁线莲。④ 钩刺，如白藤等。⑤ 吸盘，如爬山虎。

匍匐茎：茎细长、柔弱、平卧地面，蔓延生长，节上生不定根，芽发育为新植株，如草莓、甘薯。

(4) 茎的分枝类型

植物的顶芽和侧芽存在着一定的生长相关性。当顶芽生长活跃时，侧芽的生长则受到一定的抑制。如果顶芽因某些原因而停止生长时，一些侧芽就会迅速生长。由于上述关系以及植物的遗传特性，每种植物常常具有一定的分枝方式，常见的分枝类型如下。

二叉分枝：最原始的分枝，由顶端分生组织分成两半，每半形成同样的分枝。

单轴分枝(总状分枝)：顶芽不断向上生长，主干明显，多数裸子植物和部分被子植物属于此种类型，如银杏、松、杉、柏等。

合轴分枝：顶芽发育到一定时候就死亡或生长缓慢或为花芽，位于顶芽下的侧芽迅速发育成为新枝，代替主茎的位置。之所以称为合轴是因为主轴由许多腋芽发育而成的侧枝联合而成。幼时显著曲折，老时由于生长加粗则不显著，大多被子植物如此，如杨树和香樟等。

假二叉分枝：是合轴分枝的另一种形式，是具对生叶的植物所具有的，如丁香、茉莉、石竹、接骨木等。

禾本科植物的分蘖

禾本科植物的分枝集中在地面下或近地面密集的节上，节上生不定根，这种分枝称为分蘖，着生分蘖枝的节称为分蘖节。能抽穗结实的分蘖为有效分蘖；不能抽穗结实的分蘖为无效分蘖。

(5) 变态类型

茎的变态类型可分为地上茎的变态和地下茎的变态两大类。

地下茎变态类型是指地下茎生活于土壤中，形态结构一般都发生了明显变化，但仍保持茎的基本特征不变。包括以下几种：① 块茎：取马铃薯，观察其块茎由匍匐茎末端膨大而成，其上有顶芽，叶退化留有叶痕，其叶腋部是凹陷的芽眼，每个芽眼内可产生一至多个腋芽，芽眼下面有退化的鳞叶。芽眼在马铃薯块茎上螺旋排列。马铃薯横切面结构与茎一致，为双韧维管束。② 根状茎：观察莲藕、竹鞭等标本。根状茎匍匐生于地下，形似根，具有明显的节和节间，节上有鳞片状退化的叶，其内方有腋芽，可发育成地上枝和地下枝，同时节上生有不定根。③ 鳞茎：取洋葱和大蒜，观察鳞茎盘状，节间极短，其顶端有一个顶芽，周围生有许多肥厚的肉质鳞叶，最外围有膜质鳞叶保护。肉质鳞叶叶腋有腋芽，鳞茎盘下生有不定根。洋葱既具变态茎，又具变态叶。④ 球茎：观察荸荠等标本。球茎为球形或扁球形肉质茎，节和节间明显，节上生有干膜状鳞片叶和腋芽。

地上茎的变态类型较多，结构也比较复杂。主要包括：① 茎（枝）刺：观察山楂、皂荚等标本。茎刺是腋芽发育而成的刺状物，不易剥落。② 茎卷须：观察葡萄、南瓜等标本。茎卷须是顶芽或腋芽变态成的卷须状物。由于顶芽变成卷须，腋芽代之继续发育，使茎成为合轴式生长，茎卷须挤到与叶相对的位置上。③ 叶状枝（茎）：观察天门冬、竹节蓼等标本。茎扁化成绿色叶状体，叶完全退化或不发达，而由叶状枝代替叶进行光合作用。④ 肉质茎：观察仙人掌等标本。茎变得肉质多汁，呈扁圆形、柱状或球状，能进行光合作用，而叶往往退化为刺。⑤ 匍匐茎：观察蛇莓等标本。匍匐茎细长，匍匐生于地面上，顶端生根出芽，节上也生根。

3. 叶的类型

(1) 叶的外形

叶由叶片、叶柄和托叶三部分组成。叶片扁平、绿色，是叶行使其功能的主要部分。具有叶片、叶柄和托叶三部分的叶称为完全叶，缺少其中任一部分或两部分的称为不完全叶。

叶的形状多种多样，常见的有如下种类：

针形：叶细长，先端尖锐，称为针叶，如松。

线形：叶片狭长，全部的宽度约略相等，两侧叶缘近平行，称为线形叶，也称带形或条形叶，如水稻、小麦、韭菜、水仙和冷杉。

披针形：叶片较线形为宽，由下部至先端渐次狭尖，称为披针形叶，如柳、桃。

椭圆形：叶片中部宽而两端较狭，两侧叶缘成弧形，称为椭圆形叶，如芫花、香樟。

卵形：叶片下部圆阔，上部稍狭，称为卵形叶，如向日葵、苎麻。

菱形：叶片成等边斜方形，称菱形叶，如菱、乌桕。

心形：与卵形相似，但叶片下部更为广阔，基部凹入成尖形，似心脏形，称为心形叶，如紫荆。

肾形：叶片基部凹入成钝形，先端钝圆，横向较宽，似肾形，称为肾形叶，如积雪草、冬葵。

除上面几种基本形状外，其他的形状还有，如圆形叶（莲）、扇形叶（银杏）、三角形叶（扛板归）、剑形叶（鸢尾）等。凡叶柄着生在叶片背面的中央或边缘内，不论叶形如何，均称为盾形叶，如莲、蓖麻。叶片的形状主要是以叶片的长宽的比例（即长宽比）和最宽处的位置来决定的。就长宽比而言，圆形为 1∶1，广椭圆形为 1.5∶1，长椭圆形为 3∶1，线形为 10∶1，带形或剑形为 6∶1。以上长宽比皆为大概数字，因具体植物的叶片可略有上下。

(2) 叶尖

叶尖即叶片的上端，它有以下一些主要形状。

渐尖：叶尖较长或逐渐尖锐，如菩提树。

急尖：叶尖较短而尖锐，如荞麦。

钝形：叶尖钝而不尖，或近圆形，如厚朴。

截形：叶尖如横切成平边状，如鹅掌楸（马褂木）、蚕豆。

具短尖：叶尖具有突然生出的小尖，如树锦鸡儿、锥花小檗。

具骤尖：叶尖尖而硬，如虎杖、吴茱萸。

微缺：叶尖具浅凹缺，如苋、苜蓿。

倒心形：叶尖具较深的尖形凹缺，而叶两侧稍内缩，如酢浆草。

(3) 叶基

叶基即叶片的基部。常见的类型有以下几种。

楔形：基部两边的夹角为锐角，两边较平直，叶片不下延至叶柄，如枇杷。

渐狭：基部两边的夹角为锐角，两边弯曲，向下渐趋尖狭，但叶片不下延至叶柄，如香樟。

下延：基部两边的夹角为锐角，两边平直或弯曲，向下渐趋狭窄，且叶片下延至叶柄下端的叶基，如鼠曲草。

圆钝：基部两边的夹角为钝角，或下端略呈圆形，如腊梅。

截形：基部近于平截，或略近于平角的叶基，如金线吊乌龟。

箭形：基部两边夹角明显大于平角，下端略呈箭形，两侧叶耳较尖细，如慈菇。

耳形：基部两边夹角明显大于平角，下端略呈耳形，两侧叶耳较圆钝，如白英。

戟形：基部两边的夹角明显大于平角，下端略呈戟形，两侧叶耳宽大而呈戟刃状，如打碗花。

心形：基部两边的夹角明显大于平角，下端略呈心形，两侧叶耳宽大圆钝，如苘麻。

偏斜形：基部两边大小形状不对称，如曼陀罗、秋海棠等。

(4) 叶缘

叶缘即叶片的周边。常见的类型有以下几种。

全缘：周边平滑或近于平滑，如女贞。

睫状缘：周边齿状，齿尖两边相等，而极细锐，如石竹。

细锯齿缘：周边锯齿状，齿尖两边不等，通常向一侧倾斜，齿尖细锐，如茜草。

锯齿缘：周边锯齿状，齿尖两边不等，通常向一侧倾斜，齿尖粗锐，如茶。

钝锯齿缘：周边锯齿状，齿尖两边不等，通常向一侧倾斜，齿尖较圆钝，如地黄。

重锯齿缘：周边锯齿状，齿尖两边不等，通常向一侧倾斜，齿尖两边亦呈锯齿状，如刺儿菜。

曲波缘：周边曲波状，波缘为凹凸波交互组成，如茄。

凸波缘：周边凸波状，波全为凸波组成，如连钱草。

凹波缘：周边凹波状，波缘全为凹波组成，如曼陀罗。

(5) 脉序

脉序是叶脉在叶片中的排列次序。常见的类型有平行脉、网状脉和叉状脉。

平行脉包括① 直出平行脉：叶脉不交织成网状，主脉一条，纵长明显，侧脉自叶片下部分出，并彼此近于平行，而纵直延伸至先端，如玉米、水稻、水仙。② 侧出平行脉：叶脉交织成网状，主脉一条，纵长明显，侧脉自主脉两侧分出，并略呈羽状，如芭蕉、香蕉、美人蕉。③ 弧状平行脉：叶脉不交织成网状，主脉一条，纵长明显，侧脉自叶片下部分出，并略呈弧状平行而直达先端，如车前、玉簪、鸭跖草。④ 射出平行脉：叶脉不交织成网状，主、侧脉皆自叶柄着生处分出，呈辐射走向，如蒲葵、棕榈。

网状脉包括① 羽状网脉：叶脉交织成网状，主脉一条，纵长明显，侧脉自主脉两侧分出，并略呈羽状，如苹果、夹竹桃、桃、琵琶。② 掌状网脉：叶脉交织成网状，主脉数条，通常自近叶柄着生处发出，如枫树、蓖麻、南瓜、葡萄。

叉状脉：叶脉作二歧分枝，不呈网状亦不平行，通常自叶柄着生处发出，如银杏。

(6) 单叶和复叶

单叶：一个叶柄上只生一张叶片，如香樟、白玉兰。

复叶：一个叶柄上生许多小叶。复叶上的各个叶片，称为小叶，小叶以明显的小叶柄着生于主叶柄上，并呈平面排列，小叶柄腋部无芽，有时小叶柄一侧尚有小托叶。

复叶有多种类型。① 羽状复叶：由羽状叶脉的单叶演化而来，即通过普通缺裂一次形成。依小叶的奇数或偶数，以及小叶的数目又可分为：一回偶数羽状复叶：即一回羽状复叶的小叶片为偶数，也就是顶端小叶为 2 枚的一回羽状复叶，如决明；一回奇数羽状复叶：即一回羽状复叶的小叶片为奇数，也就是顶端小叶为 1 枚的一回羽状复叶，如月季；二回偶数羽状复叶：即小叶片为偶数，也就是顶端小叶为 2 枚的二回羽状复叶，如合欢；二回奇数羽状复叶：即小叶片为奇数，也就是顶端小叶为 1 枚的二回羽状复叶，如丹参；三回羽状复叶：即通过普通缺裂三次形成，如唐松草；多回羽状复叶：即通过普通多次缺裂形成，如茴香。② 掌状复叶：由具掌状叶脉的单叶演化而来，有小叶 5 或 7 片，如牡荆、天师栗。③ 三出复叶：由 3 个小叶组成的复叶。三出羽状复叶：即只有 3 枚小叶片的一回羽状复叶，如截叶铁扫帚；三出掌状复叶：即只有 3 枚小叶片的一回掌状复叶，如酢浆草。④ 单身复叶：由三出复叶的下面两个小叶退化，并贴着总叶柄生长演化来的，两小叶与顶小叶之间有关节，这种只有一枚小叶的简化复叶，称为单身复叶。单身复叶是柑橘属植物的特征，如橘、橙。

(7) 叶序

叶序即叶在茎或枝上着生排列的方式及规律。常见的类型有以下几种。

对生：即叶着生的茎或枝的节间部分较长而明显，各茎节上有叶 2 片相对着生的，如女贞。

互生：即叶着生的茎或枝的节间部分较长而明显，各茎节上只有叶 1 片着生的，如香樟。

轮生：即叶着生的茎或枝的节间部分较长而明显，各茎节上有叶 3 片以上轮状着生的，如夹竹桃。

簇生：即叶着生的茎或枝的节间部分较短而不明显，各茎节上着生叶片为 1 或数枚的，如银杏。

(8) 变态类型

叶的可塑性最大，因此发生的变态类型也最多。

叶卷须：观察豌豆等标本。豌豆复叶顶端的 2～3 对小叶变成了卷须，适应于攀援生长。

托叶卷须：观察菝葜等标本。菝葜叶的托叶变态为卷须状。

鳞叶：观察洋葱等标本，其鳞茎盘上的肉质和膜质叶都为鳞片状叶。

叶刺：观察仙人掌等标本。其肉质茎上的刺即为叶刺。

托叶刺：观察刺槐等标本。其叶的托叶部分变态为棘刺状，而叶片部分仍基本保持正常。

捕虫叶：观察茅膏菜、猪笼草等标本。有些植物叶变态成为盘状或瓶状，为捕食小虫的器官，称捕虫叶。

苞片和总苞：苞片是生于花下的变态叶，一般较小，仍为绿色；而位于花序基部的苞片称总苞，如玉米雌花序基部的变态叶。

叶状柄：如台湾相思树的叶片退化，而叶柄变态为扁平叶状体，代行叶的功能。

【思考题】

1. 为了给一种未知植物定名，我们应首先观察这一植物的哪些形态特征？
2. 简述番茄和水稻的营养器官特征。
3. 举例说明种子植物的各种变态营养器官与环境是如何相适应的？

【作业】

1. 绘出以下各种植物的叶形和脉序类型，并写出它们的叶形和脉序名称。

常春藤、爬山虎、银杏、莲、美人蕉、车前、棕榈、月季、合欢、牡荆、酢浆草、橘、夹竹桃、菝葜。

2. 写出以下各种植物的营养器官所具有的变态类型。

萝卜、胡萝卜、豌豆、马铃薯、荸荠、红薯、洋葱、菟丝子、常春藤、仙人掌、猪笼草、天门冬、山楂、玉米、菝葜、刺槐、藕。

实验 13　花的形态结构及发育

【预习与复习】

《植物学》教材有关种子植物的繁殖器官的章节。

【目的与要求】

1. 掌握花的基本组成部分。
2. 掌握花药的基本结构和花粉粒的发育。
3. 掌握子房的内部结构和胚囊的发育。
4. 了解花的形态结构多样性。

【材料与用品】

实验材料：油菜、菜豆、小麦、百合、豌豆、黄瓜、石竹、向日葵、桃的花。

切片与装片：百合不同发育时期花药的横切、百合不同发育时期子房的横切、棉花花粉粒装片。

实验用品：光学显微镜、放大镜、解剖镜、镊子、解剖刀、解剖针、剪刀、双面刀片、培养皿、吸水纸。

【内容与过程】

1. 花的组成部分的观察

被子植物的花由花梗、花托、花被、雄蕊群和雌蕊群5个组成部分。解剖以下几种有代表性的花，观察其各个部分的数目和状态，较小的花部结构可以借助解剖镜观察。

(1) 油菜花

油菜(*Brassica campestris* L.)是双子叶植物纲十字花科植物，为总状花序。取油菜的新鲜花进行解剖观察。

花萼：位于花的最外轮，四枚，淡绿色，离生(即离萼)，开花后期脱落。

花冠：位于花的第二轮，四瓣，黄色，离生(即离瓣花)，每个花瓣可分为瓣片和瓣爪两部分。开花时花冠两两相对，呈十字型排列。

雄蕊：位于花的第三轮，6枚，分离，在花被内排列成两轮，外轮2个雄蕊的花丝短，内轮4个雄蕊的花丝长，为四强雄蕊。每枚雄蕊由花丝和花药组成。

雌蕊：位于花的中央，1枚，呈瓶状。由柱头、花柱和子房组成。子房上位，在子房基部周围有4个绿色小颗粒，为蜜腺。

油菜花的各个部分均着生在花托上，花萼和花冠均为镊合状排列。

(2) 菜豆花

菜豆(*Phaseolus vulgaris* L.)是双子叶植物纲豆科植物，取菜豆的新鲜花进行解剖观察。

花萼：五枚，基部联合成筒状(即合萼)，端部呈裂片状。

花冠：五瓣，且互相分离(离瓣花)，为蝶形花冠。外围最大的1片花瓣为旗瓣，紫色；两侧2片花瓣为翼瓣，白色；最内侧的是两片合生的龙骨瓣，紫色。

雄蕊：10枚，其中9枚雄蕊的花丝合生，包围在子房之外，1枚雄蕊独立，为二体雄蕊。

雌蕊：雌蕊1枚，绿色，子房上位，由一心皮组成，胚珠多数。

(3) 小麦花

小麦(*Triticum aestivum* L.)是单子叶植物纲禾本科植物，麦穗是复穗状花序，由小穗组成，每一个小穗外面有两个颖片(外颖和内颖)，其中包含3～7朵小花，上部小花通常不孕。取小麦(或水稻)的新鲜花进行解剖观察。

外稃：位于每朵小花的外侧。小麦的外稃先端常有芒。

内稃：位于每朵小花的内侧，比外稃小。

浆片：在外稃之内的基部，有两个肉质透明的小片，称浆片。当开花时，浆片吸水膨胀可撑开外稃，便于传粉。

雄蕊：3枚(水稻6枚)，花药大，花丝短，开花时迅速伸长。

雌蕊：1枚，有两个明显的羽毛状的柱头，花柱极短，子房上位。

(4) 百合花

百合(*Lilium brownii* var. *viridulum* Baker.)是单子叶植物纲百合科植物，取百合的

新鲜花进行解剖观察。

花被：白色或黄色，两轮，每轮 3 片。

雄蕊：6 枚，两轮，与花被相对排列；花药黄色，较大，为丁字形花药。

雌蕊：1 枚，花柱较长，子房上位，三棱形。

2. 花药的结构与发育

取最幼嫩的百合雄蕊花药横切面制片观察，可见 4 个角隅处分别有许多圆形细胞，为造孢细胞，有的稍晚些形成了花粉母细胞，尚未开始减数分裂。

观察成熟些的百合花药横切片（图 7.19），花药形似蝴蝶状，分为左右两半，中间以药隔相连，药隔中间有一束维管束，称药隔维管束。两侧共有 4 个花粉囊，花粉囊内含大量未成熟的花粉。此时花药的壁已达分化完全的程度，各层细胞明显可分，由外至内结构如下。

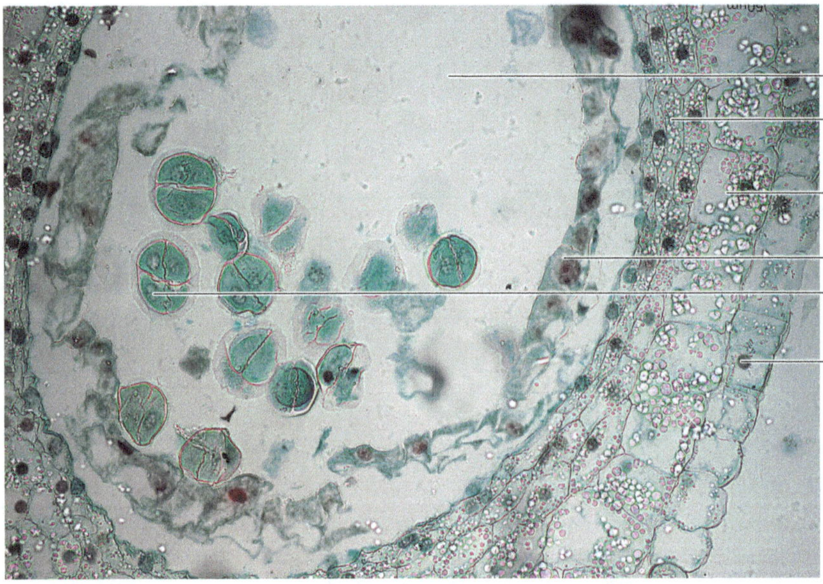

图 7.19 未成熟百合花药的横切

表皮：最外面的一层细胞，排列紧密，形态大致相同，细胞较小，具角质膜，有保护功能。

药室内壁（纤维层）：通常只有一层，为近正方形的、较大的细胞。在花药成熟时，细胞有条纹状木质化不均匀加厚的壁，有助于花粉囊的开裂。花粉囊之间的纤维层不连续。在花粉囊交界处出现几个薄壁的唇细胞。开裂时由此处形成裂缝。

中层：2 或 3 层扁平细胞，位于纤维层内侧，环绕每个花粉囊。

绒毡层：位于最内层，细胞较大，具多个细胞核且富含营养，具有腺细胞特点，可向药室内分泌各种物质，供花粉母细胞发育时需要。

继续观察成熟百合花药横切面永久装片（图 7.20），药室内壁细胞已出现条状纤维加厚的细胞壁，而变成纤维层；中层和绒毡层均已退化消失，仅留有痕迹，花粉囊此时已开裂，花粉囊内大量成熟的花粉开始散出。换高倍镜仔细观察花粉粒的内部结构，可见花粉粒中往往有两个明显的核，其中一个较大，呈圆形，是营养核，另一个较小的是生殖核，呈棱形或圆

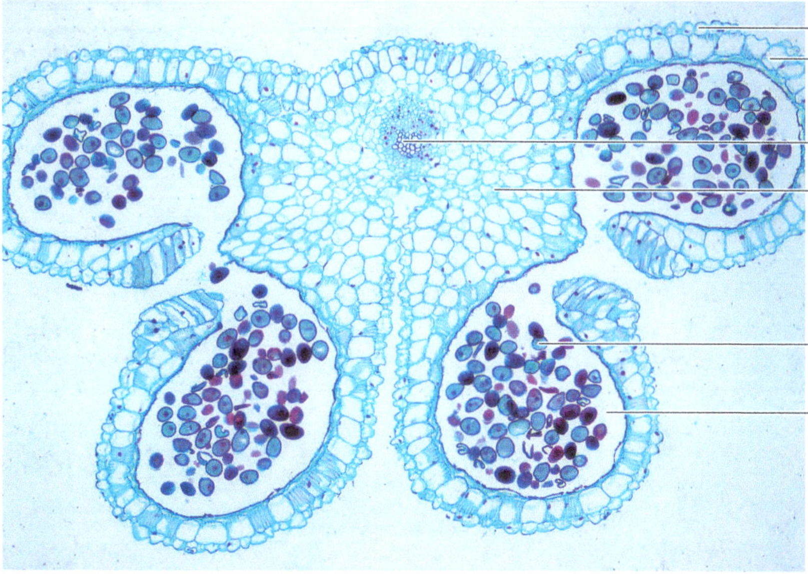

图 7.20 成熟百合花药的横切

形。取棉花花粉粒装片观察(图 7.21),可见棉花花粉粒被不同的染液染成各种颜色,近球形,萌发孔为条状,花粉外壁表面具有大量的刺状纹饰。

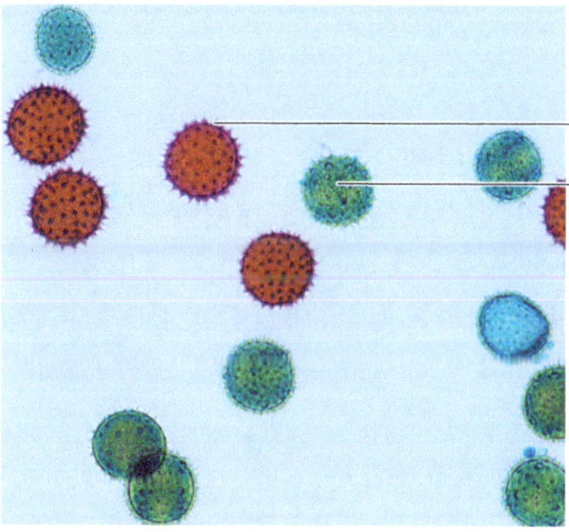

图 7.21 棉花的花粉粒

3. 子房的结构及胚囊的发育

取百合子房横切面制片进行观察(图 7.22),可见子房由三心皮彼此联合而形成,心皮联合于子房中央呈中轴状,是一个三室复子房。胚珠着生在中轴上,为中轴胎座。在整个子房内,共有胚珠六列。注意识别心皮的背缝线和腹缝线。胚珠下端是珠柄,由珠柄与胎座相连,逐步移动切片,寻找珠被、珠孔、合点、珠心和胚囊几个部分。

珠被:包在胚珠外围,一般分两层,即外珠被和内珠被。

珠孔:内、外珠被的顶端不闭合所保留的孔隙,即珠孔。注意其珠孔与珠柄在同一侧,百合胚珠属倒生胚珠类型。

合点:位于珠孔相对的一端,是由胎座进入胚珠的维管束,经珠柄分叉进入珠被与珠心,三者汇合处的区域即为合点。

珠心:即珠被内方的结构,位于整个胚珠的中央。

胚囊:位于珠心中间。成熟的胚囊为一孔腔,内有 7~8 个细胞,在靠近珠孔一端有 3 个细胞,居于中间的为卵细胞,形状较大,两侧的为 2 个助细胞,较卵细胞略小,三者共同构成卵器。靠近合点端,有 3 个反足细胞。在胚囊中间可寻找到 2 个极核或 1 个中央细胞。

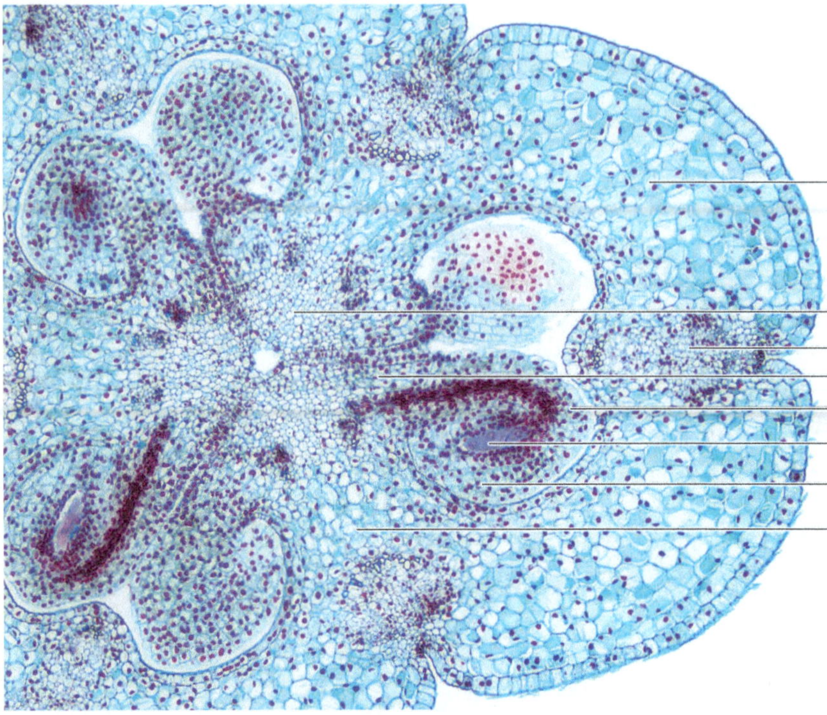

图 7.22　百合子房的横切

取不同发育时期百合子房做徒手切片或取现成的永久横切片，观察其胚囊的发育（贝母型）与结构，重点观察几个关键时期：胚珠的形成和胚囊母细胞的产生、二分体和四分体时期、成熟胚囊等。在减数分裂的过程中均不形成细胞壁，即只有核分裂。经过初生二核大孢子至初生四核大孢子，靠近合点端3个核合并，形成次生二核胚囊，再经过有丝分裂，形成次生四核胚囊至八核胚囊，以后各核形成新的细胞壁，最后形成七细胞八核胚囊，这就是成熟胚囊。

4. 胎座的类型观察

取豌豆花子房横切，观察边缘胎座，单子房即一心皮一室子房，胚珠沿腹缝线排列。

取黄瓜花子房横切，观察侧膜胎座，单室复子房，胚珠生于多条腹缝线上。

取百合花子房横切，观察中轴胎座，多室复子房，胚珠沿中轴排列。

取石竹花子房横切，观察特立中央胎座，单室复子房，胚珠沿中央短柱分布。

取向日葵花子房横切，观察基生胎座，单室复子房，胚珠着生子房底部。

取桃花子房横切，观察顶生胎座，单室复子房，胚珠着生于子房顶部。

【思考题】

1. 如何理解花是适应生殖而变态的枝条？

2. 百合的胚囊发育属于哪种类型？它与蓼型的主要区别是什么？

3. 成熟花粉粒（雄配子体）的结构如何？怎样从孢原细胞发育为小孢子（单核花粉粒）？又如何进一步发育为成熟的雄配子体？

4. 如何判断组成雌蕊的心皮数目?

【作业】

1. 绘油菜和菜豆花的雄蕊群形态图。
2. 绘黄瓜子房横切面简图。
3. 绘百合成熟花药横切面简图。

实验14 种子和果实的观察

【预习与复习】

《植物学》教材有关种子植物的繁殖器官的章节。

【目的与要求】

1. 了解果实和种子的主要类型。
2. 掌握常见种子和果实的基本结构。
3. 了解种子和果实的发育过程。

【材料与用品】

实验材料:蓖麻、绿豆、玉米、慈姑等植物的种子,葡萄、番茄、芦柑、黄瓜、苹果、梨、桃、枣、梧桐、扁豆、荠菜、棉花、牵牛、车前、罂粟、向日葵、板栗、榆树、芹菜、莲、八角茴香、草莓、菠萝等的果实。

永久切片:小麦种子纵切片,不同发育时期荠菜和小麦胚珠纵切片。

实验用品:光学显微镜、放大镜、解剖镜、镊子、解剖刀、解剖针、剪刀、双面刀片、培养皿、吸水纸。

【内容与过程】

1. 种子的结构与类型

(1) 双子叶有胚乳种子——蓖麻

取一粒浸泡过的蓖麻种子观察,种子呈椭圆形,种皮呈硬壳状,光滑并具有斑纹,种子小头基部具海绵状突起为种阜,种子腹部中央隆起条纹为种脊。用放大镜观察,可见种子腹面种阜内侧有小突起,即种脐。种孔被种阜掩盖。剥去种皮,其中白色肥大的部分为胚乳,用刀片平行于宽面纵切,可见两片大而薄的子叶,具明显的叶脉,两片子叶基部与胚轴相连,胚轴上方为胚芽,下方为胚根。

(2) 双子叶无胚乳种子——绿豆

取浸泡的绿豆种子观察胚的结构。轻捏泡涨的种子,有水从种孔溢出,种脐紧靠种孔。剥去种皮,是两片肥厚的子叶,子叶着生在胚轴上。胚轴对着种孔的一端是胚根,另一端是胚芽,有两片幼叶,挑开幼叶,可见到生长点和叶原基。

(3) 单子叶有胚乳种子——玉米

取玉米成熟干燥和浸泡种子(即颖果)观察其形态结构。腹面下半部分略呈白色,透过果皮和种皮可以看到其中的胚。用刀片垂直玉米籽粒腹面作正中纵切,手持放大镜观察胚的剖面结构,以解剖针挑拨胚的各部分:盾片(即子叶)在胚的内侧,紧靠胚乳;胚芽在盾片的外方,为数层套状的胚芽鞘所覆盖;胚根在胚的下方,其外包围着胚根鞘;胚轴,即胚根与胚芽之间的部分。在切面上滴加一滴碘液,胚乳变成蓝紫色,胚变成黄色,界限明显。

取小麦种子纵切面永久制片(图 7.23),观察其果皮和种皮愈合在一起,不易区分;种皮以内大部分为胚乳;在胚中,除了盾片、胚轴、胚芽及胚芽鞘、胚根及胚根鞘等结构之外,还可以在胚轴的外侧观察到一个与盾片相对着生但明显较小的外胚叶。

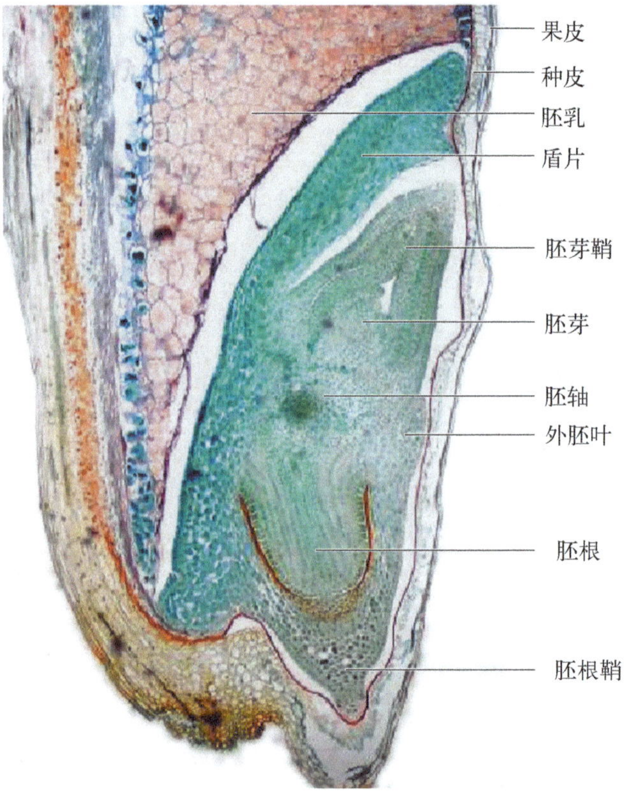

图 7.23 小麦种子纵切面

(4) 单子叶无胚乳种子——慈姑

取慈姑成熟干燥和浸泡种子观察其形态结构。慈姑的种子很小,种子由种皮和胚两部分组成。种皮极薄,仅一层细胞。胚弯曲,由胚芽、胚轴和胚根构成。子叶长柱形,一片,着生在胚轴上,它的基部包被着胚芽。

2. 种子的形成与发育

(1) 双子叶植物——荠菜胚和胚乳的发育

取不同发育时期荠菜胚珠的纵切片,观察胚及胚乳的发育过程。

胚的发育：取荠菜幼胚纵切片观察，注意识别以下结构(图 7.24)：① 胚柄：可见最靠近珠孔或已由基细胞横分裂为多个单列细胞组成的胚柄。其中，紧贴胚囊珠孔端为一个高度液泡化的大型胚柄基细胞，它与一串小细胞相连，共同组成胚柄。② 原胚时期：在不同的切片中可看到 4 个、8 个或几十个细胞的球形胚体。注意胚囊内胚乳的发育情况，此时初生胚乳核经过多次核分裂，形成了多数游离核，并分布在胚囊四周。③ 胚分化时期：可见在球形胚体顶端两侧，由于细胞分裂较快形成两个突起，即为子叶原基，整个胚体呈心脏形。子叶原基生长延长形成两片子叶，子叶基部胚轴也相应伸长，整个胚体呈鱼雷形。以后子叶随着胚囊形状而弯曲，胚柄逐渐退化，仅胚柄基部的泡状细胞比较明显。

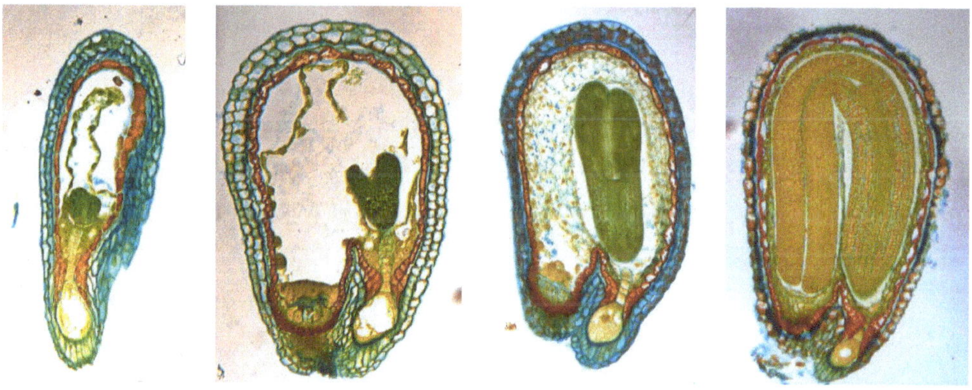

球形胚　　心形胚　　鱼雷形胚　　成熟胚

图 7.24　荠菜胚发育

观察荠菜成熟胚珠纵切片。注意识别成熟胚的胚芽、胚轴、胚根和子叶四部分。

胚乳的发育：观察幼胚发育的同时，注意观察胚乳的变化，可见靠胚囊外侧的胚乳游离核已形成细胞壁，成为胚乳细胞；以后随着胚体长大，胚乳细胞又解体，将营养转运到胚，并贮藏在子叶中。

(2) 单子叶植物——小麦胚和胚乳的发育

取不同发育时期小麦胚珠的纵切片，观察胚及胚乳的发育过程。

胚的发育：① 原胚时期：合子的第一次分裂是斜向的，分为 2 个细胞，接着 2 个细胞分别各自进行一次斜向的分裂，成为 4 个细胞的原胚。② 棒状胚时期：4 个细胞又各自不断地从各个方向分裂，当胚含有 16～32 个细胞时，胚呈现棒状，上部膨大，为胚体的前身，下部细长，分化为胚柄，整个胚体周围由一层原表皮层细胞所包围。③ 胚分化时期：在棒状胚体的一侧出现一个小形凹刻，就在凹刻处形成胚体主轴的生长点，凹刻以上的一部分胚体发育为盾片。随后分化出胚芽鞘、胚芽、外胚叶、胚根鞘和胚根。注意胚芽鞘、胚根鞘的发生和子叶(盾片)的发育情况。

胚乳的发育：在靠近胚囊的边缘，有呈游离状态的胚乳细胞核，分布在共同的细胞质中。有时，还可观察到正在分裂的胚乳细胞核。在该部分的外侧则是大量的胚乳细胞。注意有无细胞壁的形成和细胞质的分隔。

3. 果实的类型和结构

浆果：观察葡萄、番茄、茄子的果实，它们的外果皮膜质，中果皮和内果皮均肉质化，充满汁液，内含多枚种子。

柑果：取柑橘果实，观察其横切面，它是由多心皮子房发育而成。外果皮革质，并具油囊（分泌腔）；中果皮比较疏松，分布有维管束；内果皮成薄膜状，围合成囊状，分隔成若干个瓣，囊内生有无数肉质多浆的腺毛，是食用的主要部分。

瓠果：取黄瓜果实，观察其横切面或纵切面，子房由三心皮组成，子房和花托一并发育成果实。肉质部分包括果皮和胎座。

梨果：观察苹果、梨的果实，其可食用的主要部分是花托发育而成的果肉，中心部才是由子房发育而来，外果皮与花托没有明显的界限，内果皮革质化明显。

核果：观察桃、李、梅、杏、枣等果实，内果皮全由石细胞组成，特别坚硬，包在种子之外，形成果核。食用部分为发达的肉质化中果皮和较薄的外果皮。

蓇葖果：观察梧桐的果实，由一心皮发育而成，成熟时沿一条缝线开裂。

荚果：观察扁豆果实，由一心皮发育而成，成熟时沿背缝线和腹缝线同时开裂。

角果：观察荠菜果实，由二心皮发育而成，子房一室，具有假隔膜，侧膜胎座。成熟时果皮沿两条腹缝线开裂成两片脱落，留在中间的为假隔膜。

蒴果：观察牵牛、车前和罂粟的果实，由两个以上心皮发育而成，成熟时果实开裂方式各种各样，如棉花为胞背开裂，牵牛为胞间开裂，车前为盖裂，罂粟为孔裂。

瘦果：观察向日葵的果实，由1～3个心皮组成，内含一粒种子。成熟时果皮与种皮分离。

颖果：观察水稻和玉米的果实，内含一粒种子，成熟时果皮和种皮不分开。

坚果：观察榛子、板栗的果实，果皮坚硬，内含一粒种子。

翅果：观察榆树、枫树和臭椿的果实，果皮延展成翅状。

双悬果：观察芹菜、胡萝卜的果实，由两个心皮组成，每室各含一粒种子。成熟时各心皮沿中轴分开，悬于中轴上端，小果本身不开裂。

聚合果：观察莲、八角、草莓和悬钩子的果实，由多个离生雌蕊形成的许多小果聚生在花托上，如莲为聚合坚果，八角为聚合蓇葖果，草莓为聚合瘦果，悬钩子为聚合核果。

聚花果（复果）：观察菠萝和无花果的果实，它们是由一个花序发育而成的果实。

【思考题】

1. 怎样区分聚合果和聚花果、角果和荚果、蓇葖果和蒴果？
2. 比较单子叶植物和双子叶植物胚发育的异同。
3. 玉米种子中的主要贮藏物质是什么？为什么？
4. 将下列植物的果实列表归类。

葡萄、番茄、芦柑、黄瓜、苹果、梨、桃、枣、梧桐、豌豆、荠菜、棉花、牵牛、车前、罂粟、向日葵、玉米、板栗、榆树、芹菜、莲、八角、草莓、菠萝。

1. 浆果		2. 角果	
3. 柑果		4. 蓇葖果	
5. 瓠果		6. 蒴果	
7. 梨果		8. 颖果	
9. 荚果		10. 翅果	
11. 瘦果		12. 双悬果	
13. 核果		14. 坚果	
15. 聚合果		16. 聚花果	

【作业】

1. 绘小麦颖果和蚕豆荚果的结构简图。
2. 绘荠菜成熟胚的结构简图。
3. 绘小麦成熟胚的结构简图。

8 种子植物分类

实验15 裸子植物

【预习与复习】

《植物学》教材有关裸子植物的章节。

【目的与要求】

1. 了解裸子植物的生活史特征。
2. 掌握裸子植物与蕨类植物和被子植物的主要区别。
3. 了解裸子植物主要类群及其特征。
4. 学习检索表的使用方法。

【材料与用品】

实验材料：苏铁、银杏、黑松、云杉、落叶松、金钱松、雪松、白皮松、马尾松、油松、日本五针松、杉木、柳杉、落羽杉、池杉、水杉、侧柏、柏木、圆柏、铺地柏、龙柏、刺柏、罗汉松、粗榧、红豆杉、榧树等的新鲜材料或标本。黑松大孢子叶球和小孢子叶球浸制标本。

切片与装片：松属植物大孢子叶球和小孢子叶球纵切片。

实验用品：显微镜、载玻片、盖玻片、镊子、吸水纸、纱布块、放大镜。

【内容与过程】

1. 苏铁基本特征的观察

苏铁(*Cycas revoluta*)为苏铁纲的代表植物，雌雄异株。取苏铁叶观察，可见其叶为一回羽状深裂，革质，坚硬。雌株产生大孢子叶；雄株产生小孢子叶。取苏铁大孢子叶观察，可见其大孢子叶丛生于茎顶，密被淡黄色绒毛，每个大孢子叶上部羽状分裂，下部柄的两侧生有2～6枚胚珠。取苏铁小孢子叶观察，可见小孢子叶扁平，肉质，鳞片状，于茎顶螺旋状排列成小孢子叶球。每个小孢子叶下面生有许多由3～5个小孢子囊组成的小孢子囊群。小孢子囊囊壁由多层细胞构成，借表皮细胞壁不均匀增厚而纵裂，散发小孢子。

2. 银杏特征的观察

银杏(*Ginkgo biloba*)是银杏纲的唯一代表植物，为我国特产。雌雄异株，有长枝和短枝之分。长枝通常为营养枝，短枝为生殖枝。小孢子叶球呈柔荑花序状，生于短枝的顶端，小孢子叶有1短柄，柄端有由2个小孢子囊组成的悬垂的小孢子囊群。大孢子叶球通常仅有1长柄，柄端有2个环形的大孢子叶，称为珠领或珠座，大孢子叶上各生1个直生胚珠，但通常只有1个成熟(图8.1)。取银杏胚珠的纵切片观察，可见珠被、珠孔、珠心、雌配子体等结构，有时可见到雌配子体上颈卵器的存在。

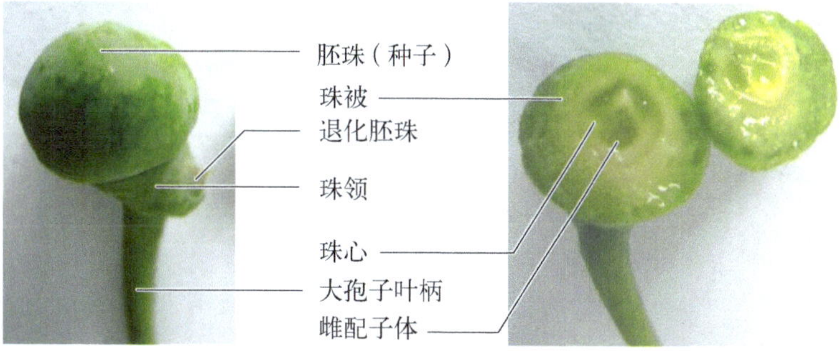

图 8.1 银杏大孢子叶及胚珠的结构

3. 松属(*Pinus*)植物形态结构及生活史特征的观察

松属是松柏纲松科的代表属，种类较多，可根据各地情况选择不同的植物，如马尾松(*P. massoniana*)、油松(*P. tabulaeformis*)、黑松(*P. thunbergii*)等作为实验材料。本实验以黑松为实验材料进行实验。

植物体：取黑松的枝条进行观察，区别长枝和短枝，黑松叶针形，两针一束。新枝顶端生一至数个大孢子叶球。

小孢子叶球：小孢子叶球(雄球花)生于当年生新枝的基部。用镊子取一个小孢子叶球，可见小孢子叶螺旋状排列于中轴上。小心取下一个小孢子叶，放在解剖镜下进行观察，在小孢子叶的背面着生两个小孢子囊(花粉囊)(图 8.2)。

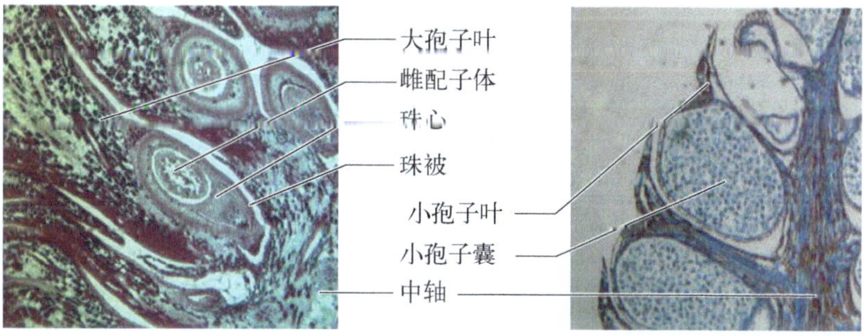

图 8.2 松大孢子叶球(左)和小孢子叶球部分纵切

花粉粒：用解剖针打开小孢子囊，其内释放出许多花粉，可用少量花粉做成临时封片，观察花粉的形态和内部结构。另取小孢子叶球的永久封片，在高倍镜下观察成熟花粉粒的形态和四个细胞，即花粉粒的壁、气囊和退化的第一、第二原叶体细胞、生殖细胞和管细胞，这种具有多个细胞的成熟花粉粒也称为雄配子体。

大孢子叶球：取一个大孢子叶球(雌球花)在解剖镜下进行观察，可见大孢子叶球是由大孢子叶构成的，螺旋状排列在大孢子叶轴上。大孢子叶球上的孢子叶由两部分组成，下面较小的薄片称为苞鳞，认为是失去生殖能力的大孢子叶；上面较大而顶部肥厚的部分称为珠鳞，也叫果鳞或种鳞，认为具有功能的大孢子叶。在松科各属植物中，苞鳞和珠鳞是完全分离的(图 8.2)。

胚珠和雌配子体：用镊子取一个完整的大孢子叶，观察其背腹两面，可见在大孢子叶的腹面着生两个胚珠。取胚珠纵切制片在显微镜下观察，可见珠鳞基部具有胚珠，胚珠是由珠被、珠孔、珠心、雌配子体、颈卵器等构成。

成熟的球果和种子：球果成熟时，胚珠成为种子，种子具有翅。此时仍能看到种鳞和苞鳞分离的特征。

4. 杉木特征的观察

杉木（*Cunninghamia lanceolata*）是松柏纲杉科的代表植物，叶螺旋状着生，条状披针形，叶缘有细锯齿，下面中脉两则各有 10 条白色气孔线。解剖杉木的球果，可见苞鳞与珠鳞的下部合生，螺旋状排列，苞鳞大，边缘有不规则细锯齿，珠鳞小，先端 3 裂，腹面基部生 3 枚胚珠。种子两侧具窄翅。

5. 侧柏特征的观察

侧柏（*Platycladus orientalis*）是松柏纲柏科的代表植物，生鳞叶的小枝扁平，排成一平面。孢子叶球单性同株，单生于短枝顶端。大孢子叶球有 4 对交互对生的珠鳞，仅中间 2 对各生 1～2 枚胚珠。球果当年成熟，熟时裂开，种鳞木质、扁平，背部近顶端具反曲的钩状尖头，种子无翅，稀有极窄的翅。

6. 常见裸子植物的识别和鉴定

采集校园裸子植物，常见栽培的裸子植物包括苏铁、银杏、云杉、落叶松、金钱松、雪松、白皮松、马尾松、油松、日本五针松、黑松、杉木、柳杉、落羽杉、池杉、水杉、侧柏、柏木、圆柏、铺地柏、龙柏、刺柏、罗汉松、粗榧、红豆杉、榧树。以上常见的裸子植物在各学校栽培情况有所不同，实验时，采集上述名录中的全部或部分裸子植物，让学生按照以下检索表检索出植物的名称。

1. 茎不分枝；叶为羽状复叶，常绿，簇生于干顶 ………………………………………… 苏铁（*Cycas revoluta*）
1. 茎通常分枝；单叶，叶针形、线形或扇形
  2. 落叶乔木，叶扇形，有多数叉状并列的细脉，种子核果状
  ……………………………………………………………………………………… 银杏（*Ginkgo biloba*）
  2. 通常常绿乔木或小灌木，稀为落叶乔木；叶针形、线形或鳞片状
    3. 雌雄同株，少数异株，雌球花发育成球果，种子无肉质套被或假种皮，常具翅（松柏纲）
      4. 球果的种鳞与苞鳞离生，每种鳞具 2 种子；种子上端具翅，无翅或近于无翅（松科）
        5. 叶条形、四棱状条形或针形，均不成束
          6. 枝无长短枝之分，叶在枝上螺旋状着生，小枝有显著隆起的叶枕；球果顶生，下垂或斜垂，种鳞宿存，当年成熟 ………………………………………………………… 云杉（*Picea asperata*）
          6. 枝有长短枝之分，叶在长枝上螺旋状着生，在短枝上簇生；球果当年或翌年成熟
            7. 常绿性，叶针形，坚硬；球果翌年成熟 ………………………………… 雪松（*Cedrus deodara*）
            7. 落叶性，叶条形，柔软；球果当年成熟
              8. 雄球花单生于短枝顶端；种鳞革质，宿存；叶较窄，近 1.8 mm
              ……………………………………………………………… 落叶松（*Larix gmelinii*）
              8. 雄球花数个簇生于短枝顶端；种鳞木质，脱落；叶较宽，约1.5～4 mm
              ………………………………………………………… 金钱松（*Pseudolarix amabilis*）
        5. 叶针形，2、3 或 5 针一束，种鳞有鳞盾和鳞脐（松属）

9. 叶5针一束，叶内具有1条维管束；小枝有密毛；针叶长3.5～5.5 cm；球果无梗，种子具有宽翅，种翅与种子近等长，常为栽培 ………………………… 日本五针松(*P. parviflora*)

9. 叶2或3针一束，叶内具有2条维管束

10. 幼树树皮灰绿色，平滑，老树树皮灰褐色，呈不规则薄鳞片状脱落，内皮乳白色；叶针形，3针一束；球果圆锥状卵圆形，种鳞的鳞盾多为菱形，有横脊，鳞脐凸起 ……………………………………………………………………… 白皮松(*Pinus bungeana*)

10. 叶2针一束，或2针与3针并存

11. 叶2针一束，枝条一年生一轮，一年生小球果生于近枝顶，种翅基部具有关节，易与种子分离

12. 冬芽银白色，针叶粗硬，球果长4～6 cm ……………………… 黑松(*P. thunbergii*)

12. 冬芽长圆，红棕色，针叶粗硬，直径达1～1.5 mm；鳞盾肥厚隆起，鳞脐有短刺 ………………………………………………………… 油松(*P. tabulaeformis*)

11. 叶2针一束，有的3针一束，针叶细柔，较长，达10～25 cm，球果长4～7 cm，鳞盾平或微隆起，鳞脐无刺 ……………………………………… 马尾松(*P. massoniana*)

4. 球果的种鳞与苞鳞半合生或完全合生，每种鳞具1～9粒种子；种子两侧常具窄翅或无翅

13. 叶与种鳞均螺旋状排列，稀交互对生(杉科)

14. 叶常绿性，无冬季脱落的小枝

15. 枝轮生或不规则轮生；叶螺旋状着生，扭转成近两列状，叶披针形，厚革质，先端锐尖；叶下面具有两条白粉气孔带 ……………………………… 杉木(*Cunninghamia lanceolata*)

15. 枝近轮生，叶螺旋状排列成近5行，钻形，向内弯曲；雌雄同株，雄球花黄色；雌球花淡绿色，每种鳞有2粒种子 ………………………………………… 柳杉(*Cryptomeria fortunei*)

14. 叶脱落性；有冬季脱落的小枝；种鳞上部无裂齿

16. 落叶乔木，侧生小枝冬季脱落，叶条形或钻形，雄球花排列成圆锥形花序状，能育种鳞有2粒种子，种子三棱形，棱脊上有厚翅

17. 侧生小枝排成二列，叶条形，扁平，排成二列，成羽状，大枝水平展开 ……………………………………………………… 落羽杉(*Taxodium distichum*)

17. 叶钻形，不成二列，大枝向上伸展 ………………………… 池杉(*T. ascendens*)

16. 落叶乔木，叶和种鳞均对生，叶条形，排列成两列，侧生小枝连叶于冬季脱落，球果的种鳞盾形，木质，能育种鳞有5～9粒种子；种子扁平，周围有翅 ………………………………………… 水杉(*Metasequoia glyptostroboides*)

13. 叶与种鳞均为交互对生或轮生(柏科)

18. 叶鳞形；球果种鳞木质，成熟时开裂，种子通常有翅，少数无翅

19. 种鳞扁平，背部近顶端有一弯曲钩状尖头；球果当年成熟，发育种鳞内各具1～2粒种子，种子无翅 ……………………………… 侧柏(*Platycladus orientalis*)

19. 种鳞盾形，中央有尖头或无；球果次年成熟，发育种鳞内各具5至多粒种子，种子两侧具窄翅 ……………………………………… 柏木(*Cupressus funebris*)

18. 叶鳞形、刺形或两者并存；球果肉质，呈浆果状，熟时不开裂或仅顶端微开裂

20. 叶全为刺叶或鳞叶，或同一植株上两者兼有，刺形叶基部无关节，下延生长；球花单生于枝顶

21. 匍匐灌木，叶全为刺形，三叶交叉轮生，球果近球形，被白粉，成熟时黑色，具有2～3粒种子 ……………………………… 铺地柏(*Sabina procumbens*)

21. 直立乔木，叶二型，即有刺叶和鳞叶，刺叶生于幼树之上，老树则全为鳞叶，当年枝鳞叶三叶轮生，刺叶三叶交互轮生；球果近圆球形，两年成熟，有1～4粒种子，种子卵形，有棱脊

22. 树冠塔形，枝条上展，老枝条平展 ……… 圆柏(*S. chinensis* var. *chinensis*)

22. 树冠圆柱形或柱状塔形，枝条向上直展，常有扭转上升之势，小枝密，球果蓝色，微被白粉 ……………………………… 龙柏(*S. chinensis* var. *chinesis*)

20. 乔木，小枝下垂，叶全为刺形叶，基部有关节，不下延生长；球花单生叶腋 ……………………………………………………… 刺柏(*Juniperus formosana*)

3. 雌雄异株，雌球花发育为核果状或坚果状种子，种子全部或部分包于肉质套被或假种皮中(紫杉纲)

23. 雄蕊有2花粉囊；种子核果状，全部被肉质套被所包，着生于肉质或非肉质的总托上(罗汉松科)；叶条状披针形，中脉显著隆起；种子卵圆形，成熟时呈紫色，其下的肉质种托，膨大呈紫红色 ………………………………………………………………… 罗汉松(*Podocarpus macrophyllus*)

23. 雄蕊有3～9花粉囊；种子核果状或坚果状，基部无膨大的种托

25. 雌球花具多数交互对生的苞片，每苞片具2胚珠，假种皮全包种子(三尖杉科)；叶近对生，条形，较短，长2～5 cm，宽约3 mm，先端常渐尖或微凸尖，基部近圆形，几无柄，在侧枝上基部扭转排成两列 ……………………………………………………… 粗榧(*Cephalotaxus sinensis*)

25. 雌球花仅具1胚珠，假种皮杯状、瓶状或全包种子(红豆杉科)

26. 叶交互对生或近对生，先端有刺状尖头；叶面中脉不明显，背面有两条较窄的气孔带；叶内有树脂道 ……………………………………………………… 榧树(*Torreya grandis*)

26. 叶条形，螺旋状着生，背面有两条淡黄色或淡灰绿色的气孔带，叶内无树脂道。孢子叶球单生叶腋。种子当年成熟，坚果状，生于杯状肉质的假种皮中，上部露出，成熟时肉质假种皮红色 ……………………………………………………… 红豆杉(*Taxus chinensis*)

【问题与思考】

1. 裸子植物具有雄配子体吗？
2. 从松属花粉结构分析裸子植物对风媒传粉的适应。
3. 以黑松为例说明裸子植物的生活史，并与苔藓和蕨类植物进行比较，找出异同点。
4. 松属植物胚珠中的胚乳是由什么细胞发育而来的，与被子植物有何不同。

【作业】

1. 绘小孢子叶球纵切结构图，注明小孢子囊壁、囊柄、小孢子等结构。
2. 绘松属植物大孢子叶结构图，并注明各部分结构名称。
3. 采集5～10种校园裸子植物，根据前文中的检索表检索出它们的名称。

实验16 被子植物分类Ⅰ——双子叶植物纲(离瓣花类)

【预习与复习】

《植物学》教材有关被子植物分类的双子叶植物纲的章节和花程式的内容。

【目的与要求】

1. 掌握双子叶植物纲离瓣花类重要科的特征。
2. 学习被子植物科的鉴定方法。
3. 训练花程式的书写方法。

【材料与用品】

实验材料：玉兰、香樟、毛茛、构树、木槿、垂柳、油菜、麻叶绣线菊、蔷薇、桃、苹果、合欢、紫荆、蚕豆、泽漆。

实验用品：解剖镜、载玻片、盖玻片、镊子、吸水纸、纱布块、放大镜。

【内容与过程】

1. 木兰科(Magnoliaceae)

(1) 识别特征

木本；叶互生，环状托叶痕；花被无分化；花托柱状；雌蕊和雄蕊分离，多数，螺旋状排列；聚合蓇葖果。

(2) 代表植物

玉兰：落叶乔木，先叶开花，花单生，两性，大而洁白。注意观察当年生枝条基部的环状托叶痕。单叶互生，半革质，全缘，网状脉。

取一朵花观察，注意花被的数目和排列方式，有无萼片和花瓣的区别，雄蕊、雌蕊的数目和排列方式，花托形状，心皮是离生还是合生，果实及成熟时如何开裂。

2. 樟科 Lauraceae

(1) 识别特征

木本；单叶互生全缘；茎、叶内常有芳香味；顶生胎座，具悬垂的倒生胚珠；核果或浆果。

(2) 代表植物

香樟：乔木，单叶互生，全缘，革质，上延离基三出脉。圆锥花序。

取一朵花观察，注意花各部的着生方式，有无萼片和花瓣的区别，花被几轮，雌蕊数目。观察雄蕊时用解剖针拨动花被，凡与第一轮花被相对的，为第一轮雄蕊，与第二轮花被相对的，为第二轮雄蕊；拨开第一、二轮雄蕊，便见第三轮雄蕊，注意花药的内、外向及第三轮雄蕊花丝基部的有关腺体。取下 1 枚雄蕊，用放大镜观察花药，可见每个花药由 4 个排成 2 列的花粉囊组成，其开裂方式为瓣裂。

3. 毛茛科(Ranunculaceae)

(1) 识别特征

草本；单叶分裂或羽状复叶，无托叶；萼片、花瓣各 5 枚或无花瓣而萼片花瓣状，雌蕊和雄蕊多数，螺旋状排列于圆柱状花托上；蓇葖果或瘦果。

(2) 代表植物

毛茛：多年生草本，基生叶和茎下部叶有长柄，上部叶无柄，叶略呈五角形或肾形，3 深裂。

取一朵花观察，注意萼片、花瓣、雄蕊、雌蕊的数目和排列方式。然后将花纵剖放在解剖镜下，观察心皮是否离生，花托成何形状，花瓣基部是否具有一鳞片覆盖的蜜腺。

4. 桑科(Moraceae)

(1) 识别特征

木本，稀草本，有或无乳汁；叶互生，有托叶；花单性，同株或异株，头状花序、柔荑花序或隐头花序；单被花，花被4～6，常为4，分离或稍合生，雄蕊4。子房上位或下位，1室1胚珠；瘦果或核果，聚合果或聚花果。

(2) 代表植物

构树：乔木。小枝密生灰色丝状毛，叶两面均有厚柔毛，托叶宽大。聚花果圆球形。

取一朵雄花，观察萼片4，雄蕊4，注意萼片和雄蕊的位置关系。取一朵雌花，观察萼片4，心皮2，合生，子房1室，注意萼片的形态特征。

5. 锦葵科(Malvaceae)

(1) 识别特征

植株多含黏液细胞，有星状毛，茎皮富含纤维；单叶互生，掌状裂；有副萼，萼片和花瓣各5枚；雄蕊多数，单体，中轴胎座；蒴果或分果。

(2) 代表植物

木槿：灌木。枝细长下垂。叶卵形或菱状卵形，边缘具缺刻。花单生，具短梗，红、紫或粉色；萼片线状裂。蒴果长圆形，被毛。

取一朵花，观察副萼和花萼的形态特征和位置关系；花瓣5枚，螺旋状排列；雄蕊多数，合生成雄蕊管，基部与花瓣基部结合，花丝顶端分离，花药1室，肾形；剖开雄蕊管，可见雌蕊子房上位，花柱顶端突出雄蕊管之外，用刀横切子房，观察子房几室，每室胚珠数目，中轴胎座。

6. 杨柳科(Salicaceae)

(1) 识别特征

乔木；单叶互生；柔荑花序，单性花，雌雄异株；裸花，每朵花基部有1苞片，雄蕊2至多个，雌花为子房上位，侧膜胎座；蒴果。

(2) 代表植物

垂柳：落叶乔木，枝细长下垂。单叶互生，线状披针形。芽具芽鳞1枚。柔荑花序直立。

用镊子各取雄花和雌花各1朵，注意观察雄花基部生1苞片，雄蕊2，基部有2个腺体；雌花基部也有1苞片。注意腺体数目，子房上位，2心皮组成1室，具多个胚珠。蒴果，种子细小数量多，由珠柄长出许多柔毛，俗称“柳絮”。

7. 十字花科(Cruciferae)

(1) 识别特征

草本；基生叶莲座状，茎生叶互生；花两性，萼片、花瓣各4，十字形花冠；四强雄蕊6枚，雌蕊由2心皮组成，有假隔膜，子房上位，侧膜胎座；角果。

(2) 代表植物

油菜：基生叶莲座状，具柄，茎生叶抱茎互生；总状花序构成圆锥花序。

取一朵油菜花从外向内观察，看到萼片和花瓣各4，成十字形排列，花瓣黄色，有长爪，四强雄蕊6枚，排成两轮，注意内外轮的数目。在花托基部有4个蜜腺，与萼片对生，中央为1枚圆柱状雌蕊，用刀片横切子房，观察其心皮数目、胎座的类型和假隔膜的位置。

8. 蔷薇科(Rosaceae)

(1) 识别特征

乔木、灌木或草本；叶互生，多具托叶；花5基数，具杯状、盘状或壶状花托(萼筒)，周位花；蔷薇花冠，雄蕊多数，轮生，心皮1至多数；蓇葖果、瘦果、梨果、核果，稀蒴果。

(2) 代表植物

根据子房位置、心皮数目和果实类型不同，可分为四个亚科：① 绣线菊亚科(Spiraeoideae)：常无托叶。子房上位，心皮5，每心皮胚珠2至多数。蓇葖果。代表植物为麻叶绣线菊，枝条无毛，叶菱状椭圆形，边缘有规则缺刻或锯齿。花白色，伞房花序。解剖一朵花观察，其花托浅盘状，花冠整齐，雄蕊多数，心皮5个分离，组成5个直立的单雌蕊。聚合蓇葖果，成熟时沿腹缝线开裂。② 蔷薇亚科(Rosoideae)：有托叶。子房上位，心皮多数离生，花托凸起或下凹，每心皮有2～1个胚珠。聚合瘦果。代表植物为蔷薇，灌木，茎细长，有皮刺。奇数羽状复叶，托叶2枚与叶柄基部愈合。花红色或白色，伞房圆锥花序。取一朵花观察，外轮5枚萼片，有时可再分离成数片；花瓣先端凹入，有时因部分雄蕊变成花瓣，而出现重瓣；雄蕊多数着生花托边缘，花丝内曲。取刀片纵剖花部，观其花托形状，注意子房位置。瘦果与肥大花托合称蔷薇果。③ 桃亚科(Prunoideae)：有托叶。子房上位，心皮常为1个，着生于凹陷的花托上，胚珠2个(少数1个)。核果。代表植物为桃，木本。叶长椭圆状披针形，叶柄顶端与叶片之间有腺体，托叶早落。花淡红色，顶生或侧生于叶芽两侧。取一朵花观察，萼片、花瓣各5；雄蕊多数，雌蕊由1心皮构成，子房上位，花周位。核果。④ 梨亚科(Pomoideae)：有托叶。子房下位，心皮5至2个，子房下陷与瓶状花托内壁愈合，中轴胎座，每室有胚珠2～1个。梨果。代表植物为苹果，幼枝和叶密被短柔毛，单叶互生，卵形，有托叶。伞房花序，花白至淡红色，5基数，雄蕊多数，雌蕊由5心皮组成。子房与花托愈合，柱头分离。用刀片纵剖一朵花观察，子房下陷入瓶状花托内，并与之愈合成下位子房。另取一朵花作横切面，注意观察5个心皮联合成5个子房室，每室有1～2个胚珠，判断胎座类型。梨果，不具有石细胞。

9. 豆科(Leguminosae)

(1) 识别特征

乔木、灌木或草本；叶互生，具托叶；花5数，蝶形、假蝶形或辐射对称花冠；雄蕊10，二体雄蕊、分离或雄蕊定数到多数；心皮1，子房上位，边缘胎座。荚果。

(2) 代表植物

根据花冠、雄蕊等特征将豆科分为三个亚科：① 含羞草亚科(Mimosoideae)：木本，少草本。一回或二回羽状复叶。整齐花，花瓣镊合状排列；雄蕊不定数到定数。代表植物为合欢，乔木。二回羽状复叶，小叶镰刀形，入夜闭合。头状花序，花淡红色，整齐花，萼片和花瓣各5个，基部联合，雄蕊多数，花丝很长，粉红色。荚果扁平不开裂。解剖一朵花，观察花萼和花冠的颜色及各自的离合情况，雄蕊的数目和花丝颜色(注意花丝的离合状态)，雌蕊数目及花柱穿过的位置。观察果实，掌握荚果的特点。② 云实亚科(Caesalpinioideae)：木本。一回或二回羽状复叶，稀单叶。假蝶形花冠，雄蕊10，分离。代表植物为紫荆，小乔木或灌木。单叶，叶基心形。花紫红色，萼片5个，基部联合，假蝶形花冠，雄蕊10个，分离。荚果扁平。解剖一朵花观察，花两侧对称，花萼连合成筒状，上部5裂；花瓣5、分离，注意观察其排列方式，了解假蝶形花冠的特点；数一数雄蕊的数目，离合状态如何。③ 蝶形花亚科(Papilionoideae)：草本，少木本。多羽状复叶或羽状三小叶，有时有卷须。蝶形花冠，二体雄蕊、单体雄蕊或10个分离，雌蕊花柱与子房成一定角度。代表植物为蚕豆，草本，茎近方形。偶数羽状复叶。总状花序。取一朵花观察，蝶形花冠中最大一片为旗瓣，其上有黑紫色斑条纹，两侧的为翼瓣，其上有浓黑斑纹，里面两片稍联合的为龙骨瓣；雄蕊(9)＋1，子房上位，边缘胎座类型，荚果。

10. 大戟科(Euphorbiaceae)

(1) 识别特征

植物体多含乳汁，单叶互生。杯状聚伞花序；花单性，雌雄同株或异株，雌蕊由3心皮合成，子房上位，中轴胎座。蒴果，种子有明显的种阜。

(2) 代表植物

泽漆：草本，观察有无乳汁。单叶互生，倒卵形或匙形，茎顶有5片叶轮生。5个分枝呈伞形，每分枝再有3个分枝。

注意观察杯状聚伞花序，每个杯状聚伞花序外围都有绿色杯状总苞，顶端4个蜜腺，花序中每朵雄花仅具有1枚雄蕊，无花被；雌花位于中央，子房上位，3心皮组成3室，柱头3裂，显露苞外，无花被。蒴果。

【问题与思考】

1. 香樟花中第几轮雄蕊基部有一对腺体？
2. 为什么毛茛一朵花形成的果叫聚合瘦果？
3. 木槿的果实是蒴果还是分果？
4. 油菜的果实是长角果还是短角果？种子属于哪种子叶类型？
5. 为什么蔷薇属植物的果实被称为蔷薇果？
6. 如何区分蝶形花冠与假蝶形花冠？

【作业】

1. 绘樟树花的各轮雄蕊各1枚(背面观)。
2. 绘构树的雌花和雄花各一朵。
3. 绘麻叶绣线菊、蔷薇、桃、苹果花的纵剖简图。
4. 绘锦葵花的纵剖简图。
5. 绘泽漆的杯状聚伞花序结构简图。
6. 用花程式表示实验材料中任意5种植物花的组成结构。

实验17 被子植物分类Ⅱ——双子叶植物纲(合瓣花类)

【预习与复习】

《植物学》教材有关被子植物分类的双子叶植物纲的章节和花图式的内容。

【目的与要求】

1. 掌握双子叶植物纲合瓣花类重要科的特征。
2. 进一步学习被子植物科的鉴定方法。
3. 训练花图式的绘制方法。

【材料与用品】

实验材料：夹竹桃、黄瓜、马铃薯、野胡萝卜、一串红、刺五加、连翘、茜草、忍冬、向日葵、蒲公英。

实验用品：解剖镜、载玻片、盖玻片、镊子、吸水纸、纱布块、放大镜。

【内容与过程】

1. 夹竹桃科(Apocynaceae)

(1) 识别特征

木本，少数种类草本。单叶全缘对生和轮生，无托叶。常有乳汁。聚伞花序，花冠裂片螺旋状排列，侧膜或中轴胎座。蓇葖果。

(2) 代表植物

夹竹桃：常绿灌木。叶3枚轮生，线状披针形。聚伞状花序顶生，花玫瑰红色或白色。蓇葖果双生，圆柱状。

取一朵花观察，花冠漏斗状，5裂；副花冠撕裂状；雄蕊生于花冠筒的喉部，不外露，花丝极短，花药顶具长附属物，紧围柱头并与之相连；柱头基部具附片；子房2室，每室数个胚珠。

2. 葫芦科(Cucurbitaceae)

(1) 识别特征

草质藤本，具卷须，单叶互生。花单性，雌雄同株或少数异株；花5基数，雄蕊花丝或花药有时结合；下位子房，侧膜胎座。瓠果。

(2) 代表植物

黄瓜：一年生草质藤本。单叶互生，掌状裂。花单性，单生于叶腋。

取一朵雄花观察，萼片合生，有5个裂齿；合瓣花冠黄色，具5深裂；雄蕊3体，实为5枚，其中4个两两合生，第5个分离，花丝很短，着生于花冠筒上，花药连合并弯曲，中央为退化的雌蕊。

取一朵雌花观察，其花萼和花冠同雄花，子房包埋在花托中，下位子房，3个心皮合生，侧膜胎座，心皮连接伸入子房中心，向外曲折，看起来似6室，实为一室子房，其上着生多数胚珠，雌花花柱短小，柱头很大并3裂。瓠果圆柱形，常有刺尖、瘤状凸起。

3. 茄科(Solanaceae)

(1) 识别特征

木本或草本；双韧维管束；单叶互生，无托叶；花两性，辐射对称，花萼常5裂，宿存，合瓣花冠5裂；雄蕊5枚，心皮2，每室多胚珠。浆果或蒴果。

(2) 代表植物

马铃薯：草本，具块茎。注意叶形特征和排列方式。伞房状聚伞花序顶生或侧生。

取一朵花观察，注意萼片、花瓣的数目以及结合的情况，雄蕊的数目和花冠裂片的关系，雄蕊是否相互靠合，横剖子房观察心皮和胚珠的数目。

4. 伞形科(Umbelliferae)

(1) 识别特征

草本，茎常中空。叶柄基部扩大成鞘状抱茎。伞形或复伞形花序，两性花，5 基数，子房下位。双悬果。

(2) 代表植物

野胡萝卜：二年生草本，根肉质。叶互生，2～3 回羽状全裂，叶柄基部扩大为鞘状抱茎，无托叶。复伞形花序顶生。

取一朵花观察，花萼 5 齿裂，极小，花瓣白色，5 枚，与花萼互生，雄蕊 5 枚与花瓣互生，雌蕊位于中央，由 2 心皮组成，有两条花柱，基部膨大，形成花柱基，下位子房 2 室，每室一粒胚珠，着生于子房顶端。双悬果。

5. 唇形科(Labiaceae)

(1) 识别特征

植株多含挥发油，茎四棱；叶对生；轮伞花序；花冠唇形，2 强雄蕊，2 心皮合生，子房上位，常深裂为 4 室；4 个小坚果。

(2) 代表植物

一串红：草本，茎四棱。叶对生，边缘有锯齿。轮伞花序密集成顶生假总状花序。

取一朵花观察，注意苞片、花冠颜色和类型，上唇和下唇各有几裂。用刀片从花冠上下唇的中线剖开，可见发育雄蕊 2 枚，着生于花冠管上，花丝短，药隔长而柔弱，上下臂近等长，上臂药室发育，下臂增粗，药室退化。雌蕊心皮 2 个，深裂成四室。注意蜜腺的形状和位置。四小坚果。

6. 五加科(Arahaceae)

(1) 识别特征

多木本；叶常互生，托叶常与叶柄基部合生成鞘状。圆锥花序，具上位花盘。浆果或核果。

(2) 代表植物

刺五加：木本；茎常有刺。掌状复叶互生。伞形花序。

取一朵花，注意观察花小，辐射对称；花萼小，与子房合生，花瓣 5 枚，雄蕊与花瓣同数，着生于花盘的边缘，子房下位，5 室，每室有胚珠 1 枚。果实球形至卵形。

7. 木樨科(Cruciferae)

(1) 识别特征

木本；叶对生，无托叶；花萼、花冠 4 裂，雄蕊 2 枚，子房上位，2 室。

(2) 代表植物

连翘：落叶灌木，茎丛生，稍具四棱；冬芽具数个芽鳞；单叶对生或具 3 小叶，卵形至长圆状，锯齿不整齐。

取一朵花观察，花瓣金黄色，花萼裂片长椭圆形，与花冠筒等长；花冠筒内有橘红色的条纹，裂片长圆形。观察蒴果。

8. 茜草科(Rubiaceae)

(1) 识别特征

木本、草本或藤本；单叶对生，全缘，有托叶，有时呈叶状，故似叶轮生；花单生或排成各种花序；萼筒与子房连生，花冠合瓣，常4～5裂；雄蕊与花冠裂片同数而互生，着生于花冠筒上；蒴果、核果和浆果；种子有胚乳。

(2) 代表植物

茜草：茎方形，有倒刺毛；4叶轮生，其中2叶为托叶；注意观察叶腋有芽，与叶相间排列的为托叶；花集成顶生或腋生的聚伞花序。

取一朵花在解剖镜下观察，花萼不明显，花冠5裂；雄蕊5枚与花冠裂片互生。果肉质，红色。

9. 忍冬科(Caprifoliaceae)

(1) 识别特征

木本，少草本；单叶或羽状复叶，对生，通常无托叶；聚伞花序；花5基数，花冠合生，4～5裂，冠生雄蕊，常5枚，与花冠裂片互生；合生心皮，子房下位，倒生胚珠；浆果、核果、瘦果或蒴果。

(2) 代表植物

忍冬：缠绕灌木。叶卵圆形，幼时两面生毛，后光滑，叶柄具绒毛；花成对生于叶腋；小苞片短于子房。

解剖一朵花观察，萼片合生5裂，花冠合生，二唇形，初花白色，后变黄色，故又名金银花。雄蕊冠生，5枚，子房下位，柱头头状。果实黑色。

10. 菊科(Compositae)

(1) 识别特征

多为草本，有的具乳汁；叶互生、对生或轮生，单叶或复叶；头状花序，有1至多层总苞，全为舌状花或管状花，或边花为舌状而盘花为管状花，萼片变为冠毛或鳞片；雄蕊5枚，花药合生成聚药雄蕊；瘦果。

(2) 代表植物

根据花各部分的特征，菊科分为两个亚科：① 管状花亚科(Tubuliflorae)：植物体不含乳汁；头状花序由舌状花和管状花组成或全为管状花。代表植物为向日葵，一年生草本，全株具刚毛；叶广卵形，基部心脏形，具3条主脉；大型头状花序，总苞片卵形，质厚，具芒尖，花序托具托片。取一朵管状花用解剖镜观察，每朵花基部有1片膜质苞片，花冠连合成筒状，5齿裂，花冠下面有2片鳞片状萼片。用解剖针挑开花冠筒，可见其内侧着生5枚雄蕊，花丝分离，花药连合成管状包围花柱。雌蕊由2心皮合生而成，子房下位，1室1胚珠，基生胎座。瘦果长卵形或椭圆形，稍扁。② 舌状花亚科(Liguliflorae)：植物体具乳汁；头状花序均为舌状花组成。代表植物为蒲公英，多年生草本，叶基生，莲座状平展，大头羽裂或羽裂。全株含白色乳汁，花茎比叶短或等长，但结果时则伸长，头状花序。总苞片绿色，2至多层。取一朵花在解剖镜下观察，舌状花黄色，两性，花冠下有许多刚毛状的冠毛；舌状花冠先端有5齿裂，上部片状，下部管状。用解剖针从花冠管口部向下挑开至花丝着生处，可见5枚雄蕊，花丝分离，花药合生呈筒状，包于花柱外，花柱细长，柱头2裂，心皮2合生，子房下位，

1室1胚珠。瘦果具长喙,冠毛白色。

【问题与思考】

1. 夹竹桃的花具侧膜胎座还是中轴胎座?
2. 马铃薯花的胎座类型和果实类型分别是什么?
3. 一串红雄蕊的形态变化有何意义?
4. 向日葵的瘦果为何特称"连萼瘦果"?

【作业】

1. 绘夹竹桃的1枚雄蕊的简图。
2. 绘一串红的1枚雄蕊的简图。
3. 绘向日葵的聚药雄蕊群的简图。
4. 用花图式表示马铃薯、茜草、忍冬、连翘花的组成结构。

实验18 被子植物分类Ⅲ——单子叶植物纲

【预习与复习】

《植物学》教材有关被子植物分类的单子叶植物纲的章节。

【目的与要求】

1. 掌握单子叶植物重要科的特征。
2. 观察单子叶植物与双子叶植物的主要区别特征。
3. 学习检索表的编制和使用。

【材料与用品】

实验材料:泽泻、马蹄莲、鸭跖草、鸢尾、百合、石蒜、香附子、小麦、春兰。

实验用品:解剖镜、载玻片、盖玻片、镊子、吸水纸、纱布块、放大镜。

【内容与过程】

1. 泽泻科(Alismataceae)

(1) 识别特征

水生或沼生草本;花两性或单性,花托凸起或扁平;两轮花被片,外轮花萼状3片,内轮花冠状3片;雌蕊螺旋状排列或轮生,子房上位,胚珠1~2个;聚合瘦果。

(2) 代表植物

泽泻:多年生水生草本。叶基生,叶片卵形或椭圆形,叶柄长,基部鞘状;圆锥状复伞形花序。

取一朵花观察,花两性,花托扁平,外轮为花萼,内轮为花瓣,均为3枚,雄蕊6枚,心皮多数，轮生成环。瘦果。

2. 天南星科(Araceae)

(1) 识别特征

草本，具根状茎或块茎；叶单出或茎生；肉穗花序，具佛焰苞；浆果。

(2) 代表植物

马蹄莲：多年生草本。植株较高大，根状茎块状；叶呈心状箭形基生，具长柄；佛焰苞大，白色或乳白色，上部展开，肉穗花序无附属物，注意上部雄花与下部雌花之间是否有间隔。

取一朵雄花观察，具雄蕊 3 枚。取一朵雌花观察，雌蕊由 3 心皮组成，子房上位。浆果。

3. 鸭跖草科(*Commelinaceae*)

(1) 识别特征

草本；单叶互生，全缘，具叶鞘；花序顶生或腋生，成丛或为聚伞花序、圆锥花序；蒴果。

(2) 代表植物

鸭跖草：草本；茎略呈肉质，匍匐状；单叶互生，基部叶鞘抱茎；二歧聚伞花序；蒴果。

取一朵花观察，花蓝色，2 朵生于一个顶生、压扁、折叠状或漏斗状的苞片内，开花时一朵突出苞外；萼片 3 片，花瓣 3 枚，分离；雄蕊 3 枚完全发育，其他 2～3 枚不完全发育。果柄和蒴果包藏于苞片内。

4. 鸢尾科(Iridaceae)

(1) 识别特征

多年生草本，具球茎、根状茎或鳞茎；叶多基生，叶基套褶状；顶生聚伞花序，花被 6 片，花瓣状，成两轮排列；3 枚雄蕊，子房下位，花柱 3，变异极大，常宽扁而成花瓣状。蒴果，背缝裂。

(2) 代表植物

鸢尾：具根茎。注意观察叶基生，基部互相包叠，排列成两行。顶生聚伞花序。

取一朵花观察，花被 6 片，两轮，黄色或紫色，宽大；花柱扩展为花瓣状，常被黄色或紫色毛茸；雄蕊 3 枚，雌蕊由 3 心皮组成，子房下位。蒴果。

5. 百合科(Liliaceae)

(1) 识别特征

多草本，有鳞茎、块茎或根状茎，单叶；花被 6 片，排成两轮，雄蕊 6 枚与之对生，子房上位，3 心皮 3 室，中轴胎座。蒴果或浆果。

(2) 代表植物

百合：鳞茎球形。叶倒披针形。

取一朵花观察，花喇叭形，白色，花被 6 片，两轮排列，上端稍外卷。6 枚雄蕊与之对生，3 心皮 3 室，子房上位，中轴胎座。蒴果。

6. 石蒜科(Amaryllidaceae)

(1) 识别特征

草本，有鳞茎或根茎；叶线形；花被片及雄蕊各 6 枚，两轮，下位子房，3 室。蒴果。

(2) 代表植物

石蒜：多年生草本，鳞茎广椭圆形。叶线形，冬季生出，开花前枯萎。花数朵生于花葶顶端成伞形花序，外有两个披针形总苞片。

取一朵花观察，花红色，花被片及雄蕊各6枚，2轮，下位子房，3室，每室3胚珠。蒴果。

7. 莎草科(Cyperaceae)

(1) 识别特征

草本，茎三棱形，实心；叶三列，或仅有闭合的叶鞘；小穗组成各种花序，花被无或退化为刚毛状或鳞片状；小坚果。

(2) 代表植物

香附子：多年生草本，有匍匐根状茎和椭圆形块茎，块茎芳香。杆直立，散生，三棱形，表面平滑，实心。叶基生，三列，叶片长线形，叶鞘边缘合生成管状抱茎，常裂成纤维状。复穗状花序3～10个在杆顶集生成辐射状。

观察一个小穗，线形，扁平，茶褐色，小穗轴具明显膜翅。有8～28朵花，鳞片(苞片)2列，膜质，卵形，每一鳞片内着生一无被花，两性，3枚雄蕊，花柱长，柱头3裂。小坚果，有三棱。

8. 禾本科(Gramineae)

(1) 识别特征

一至多年生草本，少数为木本；通常具根茎，地上茎称为秆，秆有明显的节，节间中空或少为实心；叶互生，由叶鞘和叶片组成，叶鞘开放，少有闭合，叶脉平行；叶片与叶鞘间有呈膜质或纤毛状的叶舌；叶片基部两侧常有叶耳；花序由小穗排列组成，小穗含花1至多朵，2行排列于小穗轴上，基部常有2片不孕的苞片，名为颖片，上一片为内颖，下一片为外颖；花两性、单性或中性，外有外稃和内稃，外稃与内稃之内有2(少3或6，有时缺)小鳞片状物，名为鳞被或浆片；雄蕊3或6枚，子房上位，2心皮1室1胚珠，柱头常呈羽毛状或刷子状；颖果，种子有小胚和丰富的胚乳。

(2) 代表植物

小麦：一年生或两年生草本。秆中空，有明显的节与节间。叶鞘包茎，叶片与叶鞘连接处内侧有一膜质叶舌，叶鞘顶缘部引伸形成两个小叶耳。花两性，组成顶生穗状花序，小穗成两行，每一穗轴节上只着生一个小穗。

取一个小穗观察，小穗无柄，基部两侧各有一颖片，颖片以上生2～5朵小花，单生于穗轴各节上，仅基部2～3朵花能育，上部小花常不结实。

取一朵小花观察，花的外面有2片稃片，在外者为外稃，里面者为内稃。外稃厚纸质，顶端具芒，内稃几乎全部为外稃所包被，剥去外稃，可见内稃膜质，半透明，上有两条龙骨状的凸起成绿色的脉。用放大镜仔细观察子房外侧基部，可以看到两个细小鳞片状略带茸毛的浆片，它们相当于内轮的花被，3枚雄蕊，花药甚大，花丝细长，雌蕊由2心皮连合而成，子房近圆形，表面被茸毛，子房顶部伸出两条羽毛状的柱头(无花柱)，以扩大接受花粉的面积。颖果长椭圆形，果皮与种皮愈合。

9. 兰科(Orchidaceae)

(1) 识别特征

陆生、附生或腐生草本；叶互生或退化为鳞片；两性花，两侧对称，花被片6，2轮，形成唇瓣；雄蕊2或1枚，与花柱、柱头连合成合蕊柱，花粉粒形成花粉块；下位子房，侧膜胎座；

蒴果。

(2) 代表植物

春兰：多年生草本。假鳞茎稍呈球形，叶 4～6 枚集生，狭带形，边缘有细锯齿。花单生，少数 2 朵，花葶直立，有鞘 4～5 片。

取一朵花观察，注意花被片数目和排列方式，各花被是否相同。注意区分花瓣和唇瓣，雄蕊和雌蕊是否结合成合蕊柱，雄蕊的个数，着生的位置，花粉是否黏成花粉块，柱头与花药间是否有蕊喙。子房扭转 180°，子房下位，1 室，侧膜胎座；蒴果，种子细小。

植物检索表是依据植物的特征去检索植物的一种文字表，是鉴别未知植物的工具书之一。检索表有分门、分纲、分目、分科、分属、分种检索表等。如“种子植物分科检索表”，能检索到种子植物的科。被查植物究竟属何属、何种，还需分属检索表、分种检索表和植物志的配合。

植物检索表的制定原则：植物检索表是依据植物的花、果实和种子以及根、茎、叶的主要特征，按照二歧分类原则排列制定的(个别情况下亦分为三歧)。所谓二歧分类原则就是事物的两分法，植物的性状也不例外，例如种子裸露或包被，单子叶或双子叶，离瓣花或合瓣花，直根系或须根系，子房上位或下位等等，都可以划分为相对立的两种性状。

植物检索表的种类：检索表的排列方式主要有两种，一种为平行检索表(示例 1)，即相对的两个特征，相互平等排列紧密相连；另一种为定距检索表(示例 2)，即相对的两个特征，相隔一定的距离。不论是那种检索表，它们的结构都是以两个相对的特征进行编写的，且两项的号码是相同的，排的位置是相对称的。

植物检索表的使用方法：① 可根据季节，任采有花、果的植物数种，如为草本，则采全株；如为大的木本，则采其带有花、果的一个枝条。② 首先仔细观察植物体的外形，着重解剖和观察花、果的结构。如花果太小时，可借助放大镜和解剖镜如实解剖和观察，并写出花程式。③ 鉴定时，要根据看到的特征，从头按顺序逐项往下查。在看相对的两项特征时，要看到底，哪一项符合要鉴定的特征，并要顺着符合的一项查下去，直至查出科名为止。④ 根据被查植物的特征，如确能直接判断属于哪一大类，可直接从大类查起，不必从头检索。

示例 1：平行检索表(以木樨科为例)

1. 果实为翅果	2
1. 果实不为翅果	3
2. 单叶，全缘；果周围有翅	雪柳属(*Fontanesia*)
2. 羽状复叶；果只顶端有翅	白蜡树属(*Fraxinus*)
3. 蒴果	4
3. 核果或浆果	5
4. 花黄色；枝中空或具片状髓；叶常有锯齿	连翘属(*Forsythia*)
4. 花紫色、白色或红色；枝具实髓；叶全缘或有裂	丁香属(*Syringa*)
5. 单叶对生；花为圆锥花序、总状花序或簇生	木樨属(*Osmanthus*)
5. 羽状复叶或三出复叶，对生或互生，稀单叶；花为聚伞花序或伞房花序；浆果	茉莉属(*Jasminum*)

示例 2：定距检索表(以木樨科为例)

1. 果实为翅果
    2. 单叶，全缘；果周围有翅 ………………………………………………… 雪柳属(*Fontanesia*)
    2. 羽状复叶；果只顶端有翅 ………………………………………………… 白蜡树属(*Fraxinus*)
1. 果实不为翅果
    3. 蒴果
        4. 花黄色；枝中空或具片状髓；叶常有锯齿 ……………………………… 连翘属(*Forsythia*)
        4. 花紫色、白色或红色；枝具实髓；叶全缘或有裂 ……………………… 丁香属(*Syringa*)
    3. 核果或浆果
        5. 单叶对生；花为圆锥花序、总状花序或簇生 ………………………… 木樨属(*Osmanthus*)
        5. 羽状复叶或三出复叶，对生或互生，稀单叶；花为聚伞花序或伞房花序；浆果 ………………………………………………………………… 茉莉属(*Jasminum*)

【问题与思考】

1. 泽泻的花是 3 基数的，双子叶植物的花是否有 3 基数的？
2. 香附子的小穗与小麦的小穗有什么区别？
3. 合蕊柱有什么特点？蕊喙是由什么变态来的？

【作业】

1. 绘百合花的花图式。
2. 绘香附子的 1 个小穗的简图。
3. 绘小麦的 1 朵花的简图。
4. 绘春兰的合蕊柱的简图。
5. 选取实验材料中任意 5 种植物，编制种的检索表。

9 综合性、研究性实验

实验 19　浮游植物调查及其与环境关系的分析

浮游植物通常是指在水体中营漂浮生活的藻类植物，主要由蓝藻门、裸藻门、绿藻门、金藻门、黄藻门、隐藻门、红藻门、硅藻门和甲藻门中的浮游种类构成。浮游植物的种类和数量与水体质量密切相关。因此进行浮游植物的调查对于阐明水体环境质量具有重要的科学意义。本实验不需要使用大型仪器设备，只需借助显微镜即可调查浮游植物的种类和数量，经回归分析即可分析水体质量的优劣。

【预习与复习】

《植物学》教材有关藻类植物的章节。

【目的与要求】

1. 学会进行科学研究的基本方法，激发学生从事科学研究的兴趣。
2. 掌握浮游植物采集、保存和鉴定的基本方法。
3. 学会利用计算机软件进行藻类植物的多样性分析。
4. 学会撰写研究性科技论文。

【材料与用品】

实验材料：不同水体采集的水样。

实验用品：固定液（甲醛固定液和鲁哥氏液），pH 计，温度计，采水器，浮游生物网（20 号、25 号筛绢制作），标本瓶，吸管，镊子，采集记录册，铅笔，号牌等。

【内容与过程】

1. 浮游植物的采集

(1) 浮游网采集

定性研究时可用浮游网采集，根据不同的生境，用不同的方法。在水面较大、较深的水体中，如湖泊、江河等处，可用浮游网采集。采集时，可将网系于 2 m 左右长的竿上，检查网头，关好阀门，将网没入水面以下，以“8”字形的运动方式在水中捞取，3～5 min 后，将网提起，待水滤出后，浮游藻类已集聚网底，此时打开网头的阀门，将网头中的水样注入标本瓶中。对于较浅水池塘和沟渠水体，不可用网捞取，否则会搅动水底的泥沙，使采集的样本混有大量泥沙。这时，可用小桶取水注入网中过滤，等到网底收集到一定量时，再注入标本瓶中。

用以上方法采集到的标本液，不能超过标本瓶容积的2/3。标本液采到后，如果不需要活体观察，可在现场用固定液进行固定，做成浸制标本(可用5%左右浓度的福尔马林溶液作为固定液；也可用鲁哥氏液进行固定，但鲁哥氏液中的碘容易挥发，在配成24 h后，须加3%甲醛液，标本才能长期保存)。如果需要对活体进行观察，应在数小时以内进行，最多不能超过一天，否则藻体会死亡分解。

(2) 采水器采集

定量研究时，需要使用采水器采集，通常我们使用1 000 ml的采水器，每次采样1 000 ml，加鲁哥氏液15 ml进行固定。将固定好的水样倒入1 000 ml的沉淀器中沉淀，如没有沉淀器可用广口瓶或大型量筒代替。沉淀24 h后，吸出上清液，使剩余的残液正好为50 ml。用微量进样器或移液枪准确吸取一定体积的样本，在显微镜下进行计数，最后推算出每升水中某种浮游植物的个数。

2. 浮游植物的鉴定

将固定的水样置于显微镜下进行属种鉴定，列出所调查地点浮游植物名录。观察和鉴定各种浮游植物是一件难度很大的工作，在显微镜下观察到一种藻类植物后，首先根据其形态结构、色素情况、载色体类型、蛋白核种类等进行大的类群划分，然后可参照淡水浮游植物图谱进行种类的鉴定(图9.1～9.3)。

3. 浮游植物的多样性与水体环境质量关系的分析

Shannon-Wieaver 多样性指数(H′)：

$$H' = -\sum_{i=1}^{S}\left(\frac{N_i}{N}\ln\frac{N_i}{N}\right)$$

式中，N_i为第i种的浮游植物个体数，N为浮游植物个体总数。

评价标准：0～1为重污染，1～3为中污染，>3为轻污染或无污染。

4. 浮游植物数量与水体环境质量关系的分析

对于浮游植物生物量，目前我国普遍采取以小于3×105个/ml为贫营养，在3×105～10×105个/ml之间为中营养，大于10×105个/ml作为富营养型的标准。

【问题与思考】

1. 水体中藻类的数量主要与哪些环境因素有关？
2. 采集后的水样要及时固定吗？为什么？
3. 如果在鉴定藻类时有几种藻类未能鉴定出来，影响多样性计算吗？

【作业】

1. 列出鉴定出来的藻类名录？
2. 选定某一自然水体，对其浮游植物种类、数量等进行研究，并运用多样性指数判断水体质量，提交研究报告。

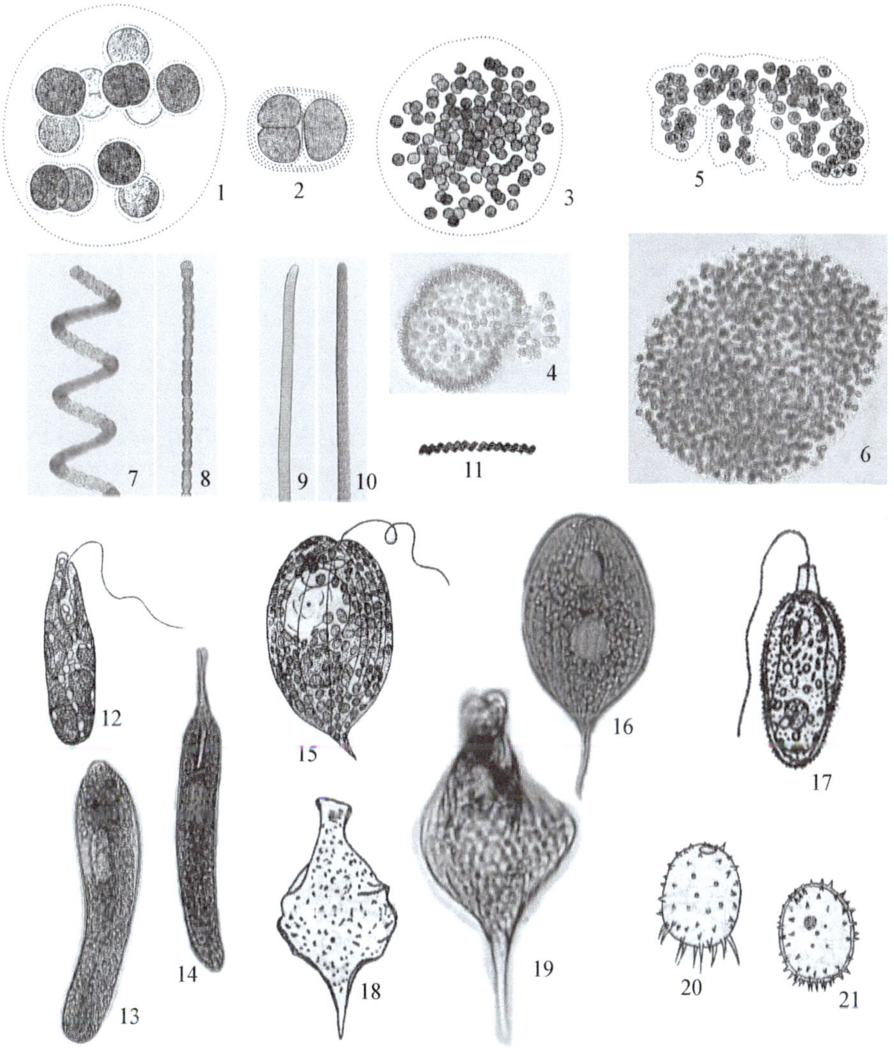

图 9.1 常见的藻类植物(蓝藻门、裸藻门)

蓝藻门：1～2. 色球藻属(*Chroococcus*)；3. 隐球藻属(*Aphanocapsa*)；4. 腔球藻属(*Coelosphaerium*)；5～6. 微囊藻属(*Microcystis*)；7～8. 鱼腥藻属(*Anabaena*)；9～10. 颤藻属(*Oscillatoria*)；11. 螺旋藻属(*Spirulina*)。裸藻门：12～14. 裸藻属(*Euglena*)；15～16. 扁裸藻属(*Phacus*)；17～21. 囊裸藻属(*Trachelomonas*)

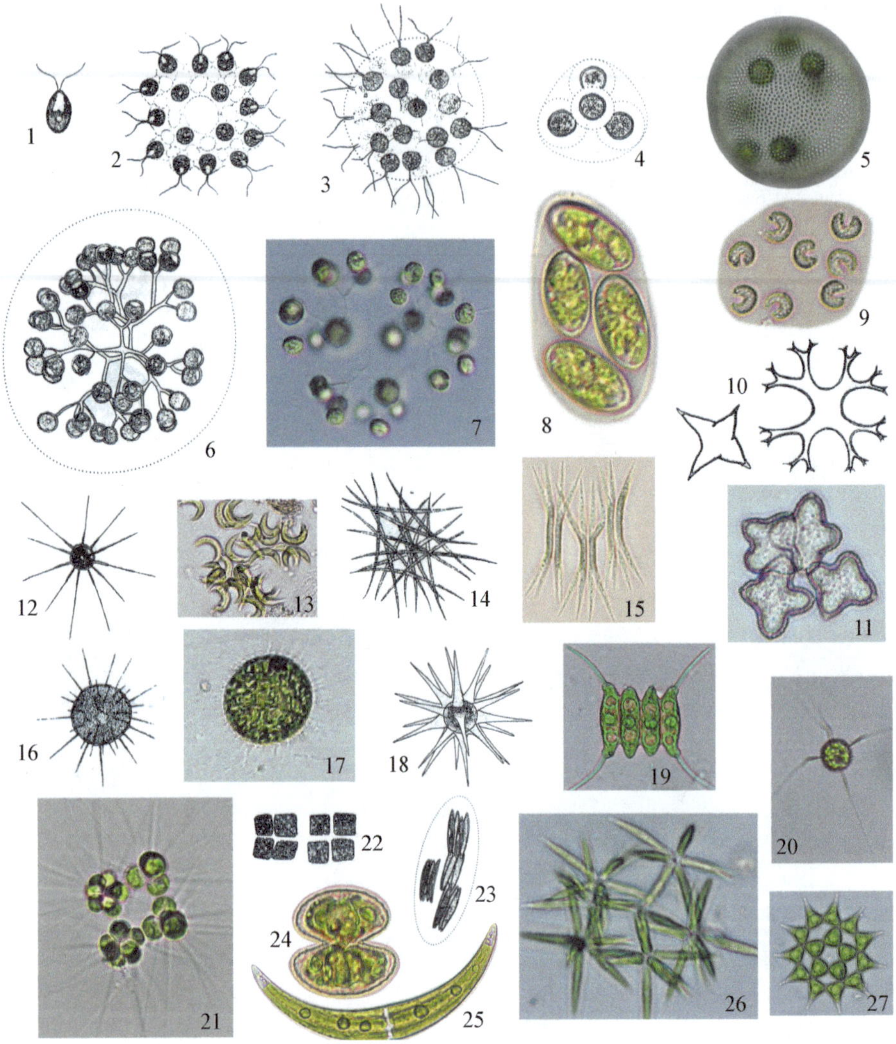

图 9.2 常见的浮游植物(绿藻门)

1. 衣藻属(*Chlamydomonas*);2. 盘藻属(*Gonium*);3. 空球藻属(*Eudoria*);4. 胶囊藻属(*Gloeocystis*);5. 团藻属(*Volvox*);6～7. 网球藻属(*Dictyosphaerum*);8. 卵囊藻属(*Oocystis*);9. 蹄形藻属(*Kirchneriella*);10～11. 四角藻属(*Tetraedrom*);12. 粗刺藻属(*Acanthosphaera*);13. 月牙藻属(*Selenastrum*);14～15. 纤维藻属(*Ankistrodesmus*);16～17. 多芒藻属(*Golenkina*);18. 棘球藻属(*Echinosptmerella*);19. 栅藻属(*Scenedesmus*);20. 顶棘藻属(*Chodatella*);21. 微芒藻属(*Micractinium*);22. 十字藻属(*Crucigenia*);23. 并联藻属(*Quadrigula*);24. 角星鼓藻属(*Staurastrum*);25. 新月藻属(*Closterium*);26. 集星藻属(*actinasstrum*);27. 盘星藻属(*Pediastrum*)

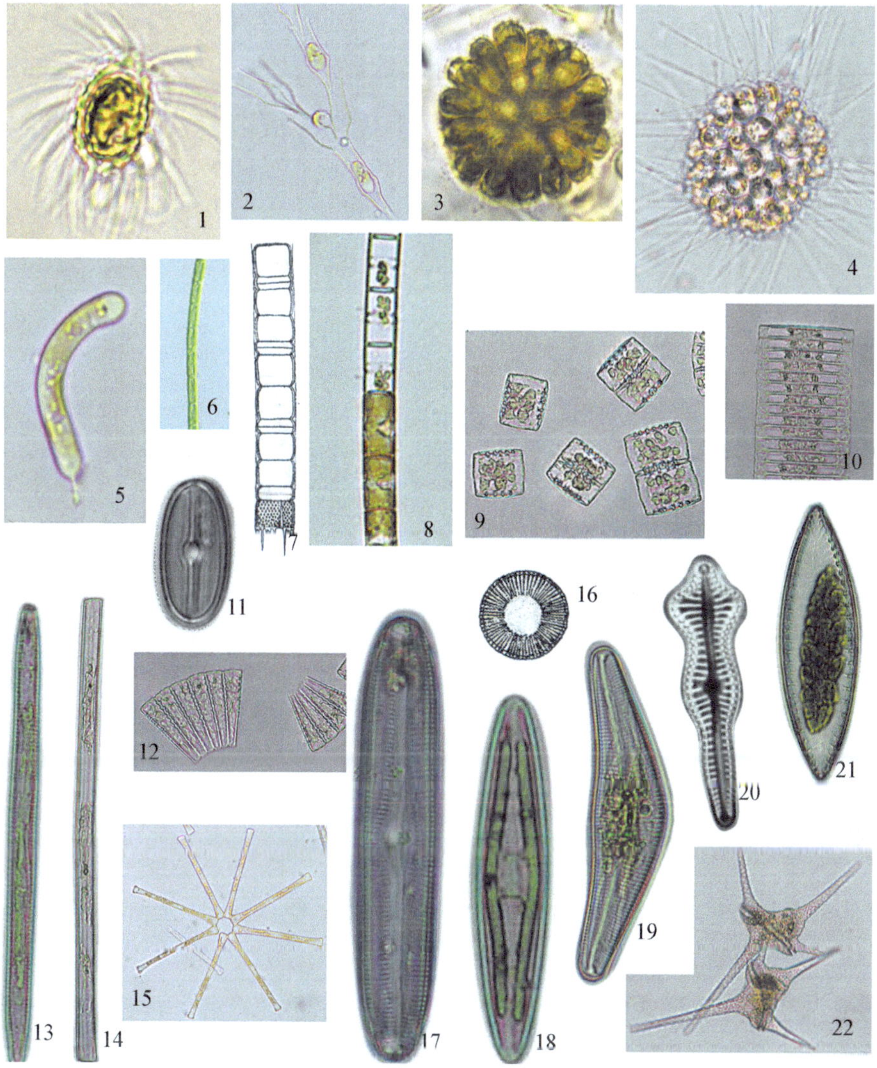

图 9.3 常见的浮游植物(金藻门、黄藻门、硅藻门、甲藻门)

金藻门：1. 鱼鳞藻属(*Mallomonas*)；2. 锥囊藻属(*Dinobryon*)；3. 黄群藻属(*Synura*)；4. 金秋藻属(*Chrysosphaerella*)；黄藻门：5. 黄管藻(*Ophiocystium*)；6. 黄丝藻属(*Tribonema*)，7、8. 直链藻属(*Melosira*)；9. 等片藻属(*diatoma*)；10. 脆杆藻(*Fragilaria*)；11. 卵形藻属(*Coconeis*)；12. 扇形藻属(*Meridium*)；13～14. 针杆藻类(*Synedra*)；15. 星杆藻属(*Asterionella*)；16. 小环藻属(*Cyclotella*)；17. 羽纹藻属(*Pinnularia*)；18. 舟形藻属(*Navicula*)；19. 桥弯藻属(*Cymbella*)；20. 异极藻属(*Gomphonema*)；21. 双菱藻属(*Surirella*)；甲藻门：22. 角甲藻属(*Ceratium*)

实验 20 蕨类植物配子体发育及其影响因素的研究

在高等植物中，只有蕨类植物有两种植物体，即孢子体和配子体，它们均能独立生活。蕨类配子体发育包括孢子萌发、丝状体、片状体、原叶体的发育、精子器和颈卵器的形成等过程，这些过程均可在显微镜下观察，蕨类植物配子体发育易受培养基和各种环境因素的影响，是研究植物生长发育特点的优秀材料。

【预习与复习】

《植物学》教材有关蕨类植物的章节。

【目的与要求】

1. 学会进行科学实验的设计。
2. 掌握蕨类植物配子体发育的特点。
3. 设计实验，探讨培养基、接种密度、光照三种因子对蕨类植物配子体发育的影响。
4. 学会进行科学论文的写作、分析和讨论。
5. 学会总结实验经验。

【材料与用品】

实验材料：水蕨、蕨、鳞毛蕨。

实验用品：光学显微镜、pH 计、培养皿、光照培养箱、吸管、玻璃棒、离心管、离心机、各种化学试剂。

【内容与过程】

此实验需要分组进行，整个研究过程约持续 1～2 个月。

1. 蕨类植物孢子采集

在校园内或附近山区采集习见蕨类植物的孢子，有条件的学校可栽培蕨类植物，将具有成熟孢子的叶片自植物体上剪下，放入洁净密封的纸袋中，置于通风干燥处，几天后孢子自然散落，收集于硫酸纸袋中，立即播种或置 4℃冰箱中保存。

2. 培养基的配制

(1) Knop's 培养基

配方为 $Ca(NO_3)_2 \cdot 4H_2O$ 0.8 g，KH_2PO_4 0.2 g，KNO_3 0.2 g，$MgSO_4 \cdot 7H_2O$ 0.2 g。将以上药品按顺序分别溶于约 700 ml 蒸馏水中，加入琼脂 10 g，加水至1 000 ml，高压灭菌 15～20 min，待温度降低至 60℃左右时，在超净工作台内将培养基倒入直径 60 mm 大小的培养皿内，每皿倒入的培养基约为培养皿高度的二分之一至三分之二左右。冷却后即成为 1%的固体琼脂培养基，可密封后放入冰箱中备用。

(2) MS 培养基

大量元素（母液 Ⅰ）：NH_4NO_3 1 650 mg/L，KNO_3 1 900 mg/L，$CaCl_2 \cdot 2H_2O$

440 mg/L，$MgSO_4 \cdot 7H_2O$ 370 mg/L，KH_2PO_4 170 mg/L；微量元素（母液Ⅱ）：KI 0.83 mg/L，H_3BO_3 6.2 mg/L，$MnSO_4 \cdot 4H_2O$ 22.3 mg/L，$ZnSO_4 \cdot 7H_2O$ 8.6 mg/L，$Na_2MoO_4 \cdot 2H_2O$ 0.25 mg/L，$CuSO_4 \cdot 5H_2O$ 0.025 mg/L，$CoCl_2 \cdot 6H_2O$ 0.025 mg/L；铁盐（母液Ⅲ）：$FeSO_4 \cdot 7H_2O$ 27.8 mg/L＋$Na_2EDTA \cdot 2H_2O$ 37.3 mg/L，有机成分（母液Ⅳ）：肌醇 100 mg/L，烟酸 0.5 mg/L，盐酸吡哆醇（维生素 B6）0.5 mg/L，盐酸硫胺素（维生素 B1）0.5 mg/L，甘氨酸 2 mg/L。蔗糖 30 g/L，琼脂 7 g/L。母液Ⅰ、母液Ⅱ及母液Ⅳ的配制方法是：每种母液中的几种成分称量完毕后，分别用少量的蒸馏水彻底溶解，然后再将它们混溶，最后定容到 1 L。母液Ⅲ的配制方法是：将称好的 $FeSO_4 \cdot 7H_2O$ 和 Na_2-$EDTA \cdot 2H_2O$ 分别放到 450 ml 蒸馏水中，边加热边不断搅拌使它们溶解，然后将两种溶液混合，并将 pH 调至 5.5，最后定容到 1 L，保存在棕色玻璃瓶中。各种母液配完后，分别用玻璃瓶贮存，并且贴上标签，注明母液号、配制倍数、日期等，保存在冰箱的冷藏室中。

配制培养液时用量筒或移液管从各种母液中分别取出所需的用量：母液Ⅰ为 50 ml，母液Ⅱ、Ⅲ和Ⅳ各 5 ml。再取 2,4-D 5 ml、NAA 1 ml，与各种母液一起放入烧杯中。溶化琼脂，用粗天平分别称取琼脂 9 g、蔗糖 30 g，放入 1 000 ml 的搪瓷量杯中，再加入蒸馏水 750 mL，用电炉加热，边加热边用玻璃棒搅拌，直到液体呈半透明状。然后再将配好的混合培养液加入到煮沸的琼脂中，最后加蒸馏水定容至 1 000 ml，搅拌均匀。高压灭菌 15～20 min，待温度降低至 60℃左右时，在超净工作台内倒入直径 60 mm 大小的培养皿内，每皿倒入的培养基为培养皿高度的1/2～2/3。冷却后即成为固体琼脂培养基，可密封后放入冰箱中备用。

(3) 腐殖土培养基

将腐殖土装入培养皿，高压灭菌 15～20 min，冷却后备用。

3. 接种

取成熟的孢子置于 10 ml 离心管内，加入无菌水，充分振荡使成悬浊液，静置2 h，2 000 转/min 离心 1 min，弃去上清液。离心管内再滴入 5%NaOCl 水溶液，灭菌 2～5 min，无菌水冲洗 2～3 遍，得到无菌的孢子悬浊液，用滴管吸取孢子悬浊液均匀接种在直径为 60 mm 的培养皿中。先置黑暗处保存 24 h，以促使孢子同步萌发，然后置于光照培养箱中培养。

4. 配子体发育过程的观察

以水蕨为例介绍蕨类植物配子体发育的过程。接种后，孢子通常 3～7 d 萌发，之后每 2～3 d 观察一次，用显微照相法记录水蕨配子体发育全过程，并做好相应的记录（表 9.1）。

表 9.1 蕨类植物配子体发育记录表

观察日期	发育阶段	细胞数量	毛状体数量	假根数量	精子器数量	颈卵器数量

注：发育阶段是指孢子萌发、丝状体、片状体、幼原叶体和成熟原叶体。

5. 接种密度对配子体发育的影响

以水蕨为例介绍培养密度对配子体发育的影响。实验设置 3 个密度梯度，即 200 个孢子/皿、100 个孢子/皿、50 个孢子/皿。方法是：先挑取 100 个孢子称重，计算可知水蕨孢子约 1 200 个/mg，称取 4.17 mg，约 5 000 个孢子，将这些孢子置于离心管中，用 5%次氯酸钠溶液消毒后离心，弃上清液，用无菌水清洗 3 次后将孢子转移到 50 ml 已灭菌的烧杯中，加入 25 ml 无菌水充分搅拌制成孢子悬浮液。用移液枪吸取 1 ml 孢子悬浊液，即 200 个孢子/ml，接到直径 6 cm 培养皿的固体培养基上，接种密度为 200 个孢子/皿。再吸取 0.5 μl 孢子悬浮液和 0.5 μl 水接到培养皿上，接种密度为 100 个孢子/皿；吸取 250 μl 孢子悬浮液和 750 μl 的无菌水混匀接种到培养基上，接种密度为 50 个孢子/皿。培养过程中要经常摇动培养皿以保证孢子在培养皿内均匀分布，每 2～3 d 观察一次。记录不同密度下配子体发育特征(表 9.2)。

表 9.2 密度对水蕨配子体发育的影响

观察日期	密度处理Ⅰ 200 个孢子/皿				密度处理Ⅱ 100 个孢子/皿				密度处理Ⅲ 50 个孢子/皿			
	发育阶段	细胞数量	精子器数	颈卵器数	发育阶段	细胞数量	精子器数	颈卵器数	发育阶段	细胞数量	精子器数	颈卵器数

6. 光照对配子体发育的影响

光照强度设 10 μmol·m^{-2}·s^{-1}(弱光)、60 μmol·m^{-2}·s^{-1}(中光)和 110 μmol·m^{-2}·s^{-1}(强光)共 3 个处理，光照时间 12 h，荧光灯光源，接种密度为 100 个孢子/皿，培养室温度为 25±1℃，培养室相对湿度(RH)为 50%。采用 Knop's 培养基。记录不同光照对配子体发育的影响(表 9.3)。

表 9.3 光照强度对水蕨配子体发育的影响

观察日期	10 μmol·m^{-2}·s^{-1}(弱光) 100 个孢子/皿				60 μmol·m^{-2}·s^{-1}(中光) 100 个孢子/皿				110 μmol·m^{-2}·s^{-1}(强光) 100 个孢子/皿			
	发育阶段	细胞数量	精子器数	颈卵器数	发育阶段	细胞数量	精子器数	颈卵器数	发育阶段	细胞数量	精子器数	颈卵器数

7. 培养基对配子体发育的影响

以水蕨为例介绍培养基对配子体发育的影响。分别采用 Knop's 培养基、MS 培养基和腐殖土培养基对水蕨孢子进行培养，接种密度为 100 个孢子/皿，中等光照培养，观察和记录它们生长发育情况(表 9.4)。

表 9.4 培养基对水蕨配子体发育的影响

观察日期	Knop's 培养基				MS 培养基				腐殖土培养基			
	发育阶段	细胞数量	精子器数	颈卵器数	发育阶段	细胞数量	精子器数	颈卵器数	发育阶段	细胞数量	精子器数	颈卵器数

【问题与思考】

1. 蕨类植物配子体发育过程中哪些性状是稳定的？哪些性状易受环境因素影响？
2. 如何避免观察和照相过程中配子体周围产生气泡？
3. 假根的主要功能是什么？

【作业】

1. 绘制水蕨配子体发育的各个阶段，包括孢子、孢子萌发、丝状体、片状体、原叶体、精子器和颈卵器。

2. 总结不同培养条件下水蕨配子体的性别分化特征，包括性器官发生时间、数量、性别比例。

实验 21 蕨类植物孢子形态观察研究

孢粉学问世于 20 世纪 40 年代，它是研究植物花粉（种子植物）和孢子（孢子植物）的科学，是一门介于古植物学、植物分类学和地质、地理等学科之间的新兴边缘科学，它研究古今植物的孢子和花粉的形态、分类、数量统计、孢粉组合等。最初它的研究范围只限于花粉的形态大小、表面纹饰、外壁层次、超微结构以及沟孔关系等，一般不涉及细胞的内含物。随着孢粉学的飞速发展，尤其是新技术、新方法的广泛应用，使它的研究范围大大扩大了，特别是在扫描电镜下可以观察到许多在光镜下无法看清楚的微细纹饰，并使纹饰呈现立体形象，把孢粉形态研究提高到了一个崭新的水平。孢粉学的发展对现代植物分类学和系统演化研究产生了很大影响，提供了大量信息资料，同时也对地质学、古植物学的发展起到了积极的推动作用。

【预习与复习】

《植物学》教材有关蕨类植物的章节。

【目的与要求】

1. 学会进行科学实验的设计。

2. 掌握蕨类植物孢子形态的观察方法。

3. 掌握蕨类植物孢子形态的主要特征。

【材料与用品】

实验材料：水蕨、蕨、贯众、鳞毛蕨。

实验用品：光学显微镜、扫描电子显微镜、水浴锅、离心机、小试管、刀片、解剖针、细铜网、载玻片、盖玻片、双面透明胶带、酒精灯、目镜测微尺。冰乙酸、乙酸酐、浓硫酸、甘油、石炭酸、加拿大树胶、蒸馏水、乙醇。

【内容与过程】

蕨类植物孢子形态特征在不同类群之间差异较大，孢子形态特征主要包括孢子的形状、大小、对称性、裂缝类型、纹饰类型等，因此相对应的描述术语也很多，可参阅《中国水龙骨目(真蕨目)孢子形态的研究》、《孢粉学手册》、《孢粉学概论》等专著。

1. 孢子材料的收集

取成熟的具孢子囊群的蕨类植物叶片，自植物体上剪下，放入洁净密封的纸袋中，置于通风干燥处，几天后孢子自然散落，去掉杂质后将纯孢子收集于硫酸纸袋中，立即观察或置4℃冰箱中保存。

2. 乙酸酐分解法制片

将纯孢子放入小玻璃管中，加入 2 ml 冰乙酸，经离心沉淀后，倒去冰乙酸。加入乙酸酐—浓硫酸混合液(9∶1)，将离心管放入水浴锅(或具水的烧杯中)加热至沸，1～2 min后离心沉淀，倒去混合液。加入蒸馏水，再离心，重复 3 次。加入 50%甘油，将甘油和孢子一起倒入小玻璃管中，并加入少许防腐剂(石炭酸或麝香草酚)。将保存材料制成固定封片。

3. 扫描电镜样品的制备

取纯的成熟孢子直接均匀地撒在具双面透明胶带纸的样品台上，将载有孢子样品的样品台移于镀膜机上，喷金镀膜 3 min 后即可在扫描电镜下观察照相(图 9.4)。

4. 观察测量

将用乙酸酐分解法制成的固定封片置于光学显微镜下观察，注意观察孢子的形状和裂缝的类型，并用目镜测微尺测量孢子的大小，每种孢子测量 20 粒，取其最小值、最大值和平均值。在扫描电镜下观察孢子的形状、裂缝的类型和孢子表面的纹饰，利用扫描电镜照片测量裂缝的长短，测量值根据放大照片上的比例尺，重新准确计算照片的实际放大倍数，然后以在照片上的实际长度除以放大倍数求得。

【问题与思考】

1. 比较不同科属蕨类植物孢子形态特征的差异，探讨植物的亲缘关系。

2. 扫描电子显微镜观察孢子形态较光学显微镜有何优势。

【作业】

将观察结果填入表 9.5 中。

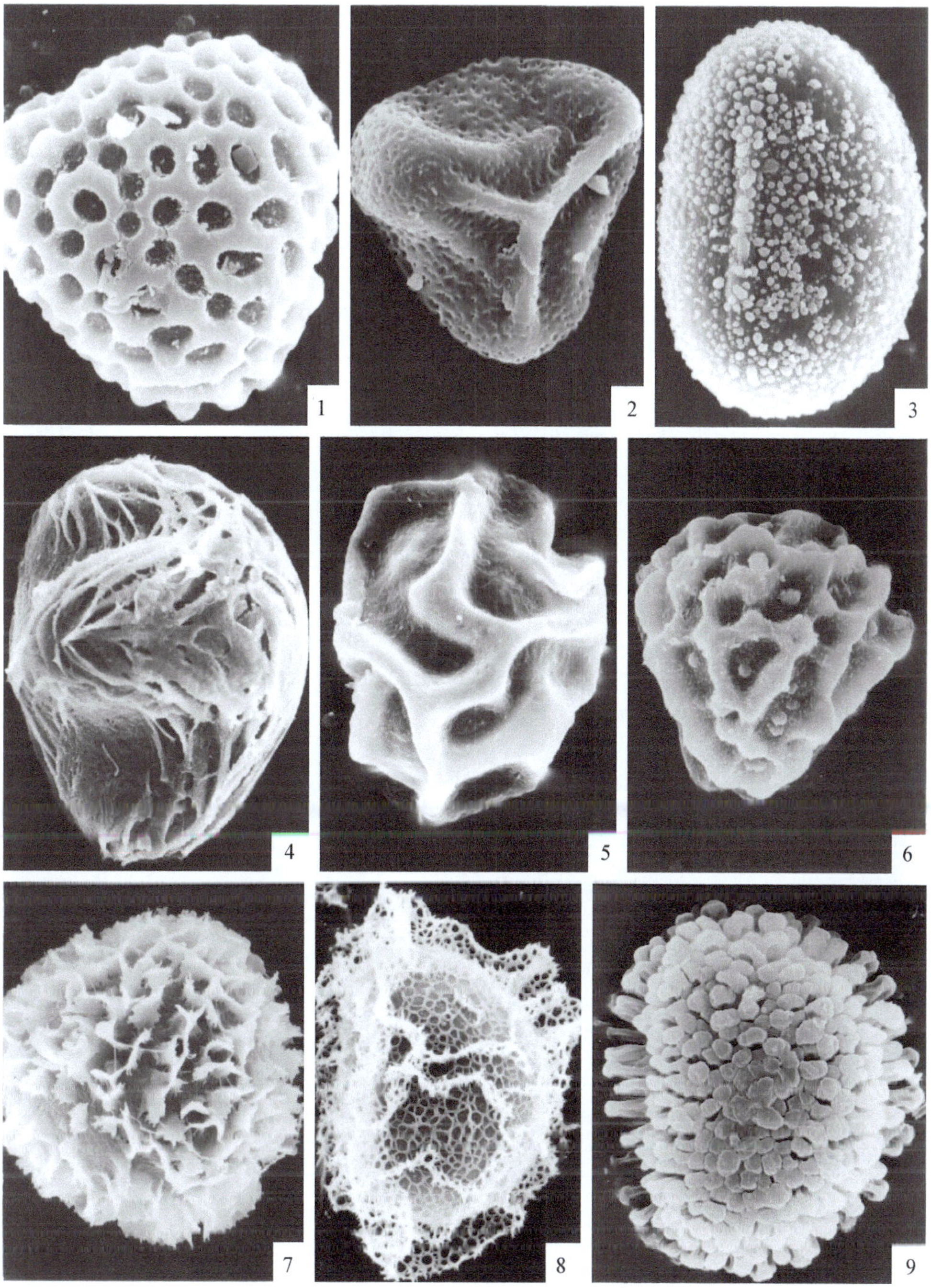

图 9.4 蕨类植物孢子的扫描电镜照片

1. 小叶海金沙(*Lygodium scandens*);2. 芒萁(*Dicranopteris dichotoma*);3. 槲蕨(*Drynaria roosii*);4. 桫椤(*Alsophila spinulosa*);5. 东亚柄盖蕨(*Peranema cyatheoides* var. *luvonicum*);6. 栗柄金粉蕨(*Onychium japonicum* var. *lucidum*);7. 疏羽碎米蕨(*Cheilosoria belangeri*);8. 墨脱刺蕨(*Egenolfia medogensis*);9. 亮毛蕨(*Acystopteris japonica*)

表 9.5 常见蕨类植物的孢子形态特征比较

种 名	孢子形状		孢子大小		裂缝类型	对称性	纹饰类型
	赤道面观	极面观	赤道轴长	极轴长			

实验 22 植物叶片特征及其对环境的适应

叶子是重要的营养器官，它主要进行光合作用和蒸腾作用。光合作用是制造有机物，蒸腾作用是根系吸收水分的动力之一，同时也能降低叶片的表面温度，从而使叶子在强烈的光照下，不至于因温度过分升高而受损伤。光合作用是气体交换的过程，蒸腾作用是水汽耗散的过程，会消耗很多植物体内的水分，植物在长期的进化过程中，逐渐形成了防止水分过分散失的结构，如叶表面的角质层、密生茸毛、气孔下陷或形成气孔窝、叶片内储水组织发达等，都是为了适应保持水分、减少水分蒸腾的特征。植物生活于不同的生态环境中其叶片的这些适应性结构不同，形态变化也较大。本实验主要观察不同环境下植物叶片的特征，探讨叶片结构对环境的适应。

【预习与复习】

《植物学》教材有关植物营养器官叶的章节。

【目的与要求】

1. 学会进行科学实验的设计。
2. 掌握植物叶片适应环境的主要特征。

【材料与用品】

实验材料：黑松、广玉兰、白玉兰、夹竹桃、海桐、小麦、酢浆草、芦荟、睡莲、眼子菜。
实验用品：解剖镜、显微镜。

【内容与过程】

此实验需要分组进行，整个研究过程约持续 1～2 个月。

1. 实验材料采集

于校园内采集上述植物，或采集其他植物亦可，但需代表不同生活环境，采集后可直接用于观察。

2. 叶片形态特征的观察和记录

取上述植物的叶子，作徒手切片，制成临时装片在显微镜下观察，并绘图或照相记录，根据观察记录表 9.6。

表 9.6 不同植物叶片形态比较

观察内容	黑松	广玉兰	白玉兰	夹竹桃	海桐	小麦	酢浆草	芦荟	睡莲	眼子菜
生长环境										
叶片形态										
质地(厚度、软硬)										
气孔数量/单位面积										
气孔着生部位										
表皮附属物										
叶肉分化情况										
栅栏组织层数										

【问题与思考】

1. 黑松适应干旱和寒冷环境的特点有哪些?
2. 气孔的主要功能是什么?

【作业】

完成上述表格,总结植物叶片结构对环境(旱生、水生环境,阳生、阴生环境)适应的特点。

实验 23 校园植物的调查研究

【预习与复习】

《植物学》教材有关植物系统和分类的章节。

【目的与要求】

1. 通过对校园植物的调查研究使学生熟悉标本采集和记录的基本方法。
2. 认识校园内的常见植物。
3. 训练检索表的使用。

【材料与用品】

实验材料:校园内的各种自然和栽培植物。

实验用品:标本夹、采集袋、枝剪、土铲、号牌、吸水草纸、放大镜、镊子、铅笔、笔记本、卷尺、针、剪刀、记录标签、植物检索表等。

【内容与过程】

现在的大学校园面积都比较大,绿化比较好,栽培及自然生长的植物种类非常丰富。

为了保证实验的质量和效果，实验教师可根据学校的实际情况，在实验前把校园划分为几个实验区域，学生可分成多个小组对不同校园区域的植物进行调查研究。

1. 校园植物的采集和记录

(1) 采集方法

木本植物标本采集时先取有花、果及完整枝条剪下，长度为25～30 cm，叶、花和果太密时可适当疏去一部分(疏去时要留叶柄)。同时剥取一小块树皮，以利于鉴定。草本植物采集时，一般要连根挖出，这样根、茎、叶、花或果就全了。如果超过1 m以上，把它折成“N”字形收压起来或分成几段(上段带有花果，中段带有叶，下段带根)，将几段汇成一份标本，但要注意将全草高度记录下来。采3～5份同样的标本，稍加修剪整齐，每份标本采集后，必须挂上号牌。有些植物为雌雄异株，必须分开采集标本，而且要注意不要搞错。一些寄生植物采集时要注意连寄主一起采集。采集一种植物时，必须仔细观察植物的生长环境、形态特征，注意其主要特点，如花的颜色和气味，几经压制后看不出的特征，必须就地对其特征加以记录。记录本上的号码必须与标本上号牌的号码一致，以防混淆。这样即便采集的标本有时只是植物体的一部分，但有了详细的文字记录，就成了完整的标本了。原则上同株植物标本编同一号码，不同株的应编另一号码，以免混乱，尤其是母本植物标本必须这样做。

(2) 采集记录

室外采集必须具有现场记录，记录内容用专门记录本记录，可按表9.7的格式填写。植物地方名、用途、生态环境(土坡、林下或水池边等)、海拔高度、花果颜色、气味、乳汁等都要当时记录，否则会影响鉴定的正确性。采集记录的同时要按种编号，号码写在标签牌上，然后用线拴在标本上，号码同记录本号码一致，这样就可按记录本上的号码找到标本，不致错误。写采集记录和号牌标签时应用铅笔，而不用圆珠笔或钢笔，这样不易褪色。

表9.7 植物采集记录表

采集人及号数：		年 月 日
产地：		
生境：		
海拔：	习性：	体高：
胸径：	树皮：	
根：	茎：	
叶：(正反面的颜色及有无覆毛)		
花：(花序、颜色等)		
果实：(颜色、性状)		
中名或俗名：		科名：
学名：		
附记：(特殊性状、经济用途等)		
		上海师范大学生物系编制

2. 校园植物形态特征的观察

植物种类的识别和鉴定必须在严谨、细致的观察研究后进行。在对植物进行观察研究时，首先要观察每一种植物的生长环境，然后再观察植物具体的形态结构特征。植物形态特征的观察应起始于根（或茎基部），结束于花、果实或种子。先用眼睛进行整体观察，细微、重要部分须借助放大镜观察。特别是对花的观察、研究要极为细致而全面，从花柄开始，通过花萼、花冠、雄蕊，最后到雌蕊。必要时要对花进行解剖，分别作横切和纵切，观察花各部分的排列情况、子房位置、组成雌蕊的心皮数目、子房室数及胎座类型等。只有这样，才能全面、系统地掌握植物的详细特征，才能正确、快速地识别和鉴定植物。

3. 校园植物种类的识别鉴定

在对植物观察清楚的基础上，识别、鉴定植物就会变得容易。对校园内特征明显、自己又很熟悉的植物，确认无疑后可直接写下名称；生疏种类可借助于植物检索表等工具书进行检索、识别。

在把区域内的所有植物鉴定、统计后，使用植物学名写出名录并把各植物归属到科（见附录 1）。

4. 编制校园植物的定距式检索表

具体编制方式详见本书实验 18。

【问题与思考】

根据你所学的知识，试说明如何对某一地区的植物资源状况进行评估。

【作业】

1. 写出所调查区域校园植物名录（归属到科）。
2. 采集草本植物和木本植物各 5 种，并把它们制作成蜡叶标本。

参考文献

高信曾.1995.植物学实验指导.北京：高等教育出版社
关雪莲，王丽.2002.植物学实验指导.北京：中国农业大学出版社
何凤仙.2000.植物学实验.北京：高等教育出版社
贺学礼.2004.植物学实验实习指导.北京：高等教育出版社
胡正海.2010.植物解剖学.北京：高等教育出版社
金银根.2007.植物学实验与技术.北京：科学出版社
李扬汉.1984.植物学.上海：上海科学技术出版社
李正理.1996.植物组织制片学.北京：北京大学出版社
陆时万，沈敏健.2000.植物学(上).北京：高等教育出版社
马炜良，王幼芳，李宏庆.2009.植物学.北京：高等教育出版社
汪矛.2003.植物生物学实验教程.北京：科学出版社
汪小凡，杨继.2006.植物生物学实验(第二版).北京：高等教育出版社
王全喜，张小平.2004.植物学.北京：科学出版社
王英典，刘宁.2001.植物生物学实验指导.北京：高等教育出版社
吴国芳，冯志坚等.2000.植物学(下册).北京：高等教育出版社
杨继.2000.植物生物学实验.北京：高等教育出版社
叶宝兴，朱新产.2007.生物科学基础实验(植物类).北京：高等教育出版社
叶创兴，冯虎元.2006.植物学实验指导.北京：清华大学出版社
尤瑞麟.2008.植物学实验技术教程.北京：北京大学出版社
张乃群，朱自学.2006.植物学实验及实习指导.北京：化学工业出版社
赵遵田，苗明升.2010.植物学实验教程(第二版).北京：科学出版社
周云龙.1993.孢子植物实验及实习.北京：北京师范大学出版社

附录 1

校园常见植物名录

种子植物门 SPERMATOPHYTA

裸子植物亚门 GYMNOSPERMAE

苏铁科 Cycadaceae

苏铁 *Cycas revolute*

银杏科 Ginkgoaceae

银杏 *Ginkgo biloba*

松科 Pinaceae

雪松 *Cedrus deodara*

日本五针松 *Pinus parviflora*

金钱松 *Pseudolarix amabilis*

杉科 Taxodiaceae

落羽杉 *Taxoidium distichum*

柏科 Cupressaceae

侧柏 *Platycladus orientalis*

龙柏 *Sabina chinensis* var. *chinesis*

罗汉松科 Podocarpaceae

罗汉松 *Podocarpus macrophyllus*

被子植物亚门 ANGIOSPERMAR

双子叶植物纲 DICOTYLEDONEAE

木兰科 Magnoliaceae

玉兰 *Magnolia denudata*

广玉兰 *Magnolia grandiflora*

鹅掌楸 *Liriodendron chinense*

含笑 *Michelia figo*

白玉兰 *Magnolia denudata*

紫玉兰 *Magnolia liliflora*

腊梅科 Calycanthaceae

腊梅 *Chimonanthus praecox*

樟科 Lauraceae

香樟 *Cinnamomum camphora*

毛茛科 Ranunculaceae

牡丹 *Paeonia suffruticosa*

小檗科 Berberidaceae

小檗 *Berberis thunbergii*

南天竹 *Nandina domestica*

金缕梅科 Hamamelidaceae

红花继木 *Loropetalum chinense* var. *rubrum*

桑科 Moraceae

桑 *Morus alba*

仙人掌科 Cactaceae

令箭荷花 *Epiphyllum ackermannii*

仙人鞭 *Aporocactus flagelliformis*

仙人球 *Echinopsis tubiflora*

蟹爪兰 *Tropaeolum majus*

石竹科 Caryophyllaceae

康乃馨 *Dianthus caryophyllus*

石竹 *Dianthus plumarius*

山茶科 Theaceae

山茶 *Camellia japonica*

茶梅 *Camellia sasanqua*

藤黄科 Guttiferae

金丝桃 *Hypericum monogynum*

梧桐科 Sterculiaceae

梧桐 *Firmiana simplex*

锦葵科 Malvaceae

木芙蓉 *Hibiscus mutabilis*

秋海棠科 Begoniaceae

四季海棠 *Begonia semperflorens*

十字花科 Cruciferae

甘蓝 *Brassica oleracea* var. *capitata* L.

杜鹃花科 Ericaceae

杜鹃 *Rhododendron simsii*

柿科 Ebenaceae

柿 *Diospyros kaki*

景天科 Crassulaceae

景天 *Sedum emarginatum*

报春花科 Primulaceae

仙客来 *Cyclamen persicum*

蔷薇科 Rosaceae

贴梗海棠 *Chaenomeles speciosa*

红叶李 *Prunus cerasifera* f. *atropurpurea*

桃 *Amygdalus persica*

日本晚樱 *Cerasus serrulata* var. *lannesiana*

月季 *Rosa chinensis*

樱花 *Cerasus serrulata*

榆叶梅 *Prunus triloba*

碧桃 *Prunus persica* var. *duplex*

垂丝海棠 *Malus halliana*

梅 *Armeniaca mume*

海桐花科 Pittosporaceae

海桐 *Pittosporum tobira*

豆科 Leguminosae

合欢 *Albizzia julibrissin*

紫荆 *Cercis chinensis*

白三叶草 *Trifolium repens*

紫藤 *Wisteria sinensis*

千屈菜科 Lythraceae

紫薇 *Lagerstroemia indica*

石榴科 Punicaceae

花石榴 *Punica granatum*

卫矛科 Celastraceae

冬青卫矛 *Euonymus japonicus*

冬青科 Aquifoliaceae

枸骨 *Ilex cornuta*

黄杨科 Buxaceae

黄杨 *Buxus microphylla*

葡萄科 Vitaceae

爬山虎 *Parthenocissus tricuspidata*

槭树科 Aceraceae

鸡爪槭 *Acer palmatum* cv. *atropuceum*

芸香科 Rutaceae

桔 *Citrus medica*

牻牛儿苗科 Geraniaceae

天竺葵 *Fish pelargoium*

五加科 Araliaceae

八角金盘 *Fatsia japonica*

柿科 Ebenaceae

柿 *Diospyros kaki*

茄科 Solanaceae

矮牵牛 *Petunia hybrida*

唇形科 Labiatae

一串红 *Salvia splendens*

木樨科 Oleaceae

桂花 *Osmanthus fragrans*

金钟花 *Forsythia viridissima*

金叶女贞 *Ligustrum vicaryi*

茜草科 Rubiaceae

栀子 *Gardenia jasminoides*

忍冬科 Caprifoliaceae

珊瑚树 *Viburnum odoratissimum* var. *awabuki*

菊科 Compositae

菊花 *Dendranthema moeifolium*

瓜叶菊 *Cineraria cruenta*

雏菊 *Bellis perennis*

金光菊 *Rudbeckia hybrida*

百日菊 *Zinnia elegans*

单子叶植物纲 MONOCOLEDONEAE

棕榈科 Palmae

棕榈 *Trachycarpus fortunei*

袖珍椰子 *Chamaedorea elegans*

棕竹 *Rhapis excelsa*

天南星科 Araceae

绿帝王喜林芋 *Philodendron* cv. *imperiai*

马蹄莲 *Zantedeschia hybrida*

禾本科 Gramineae

孝顺竹 *Bambusa multiplex*

刚竹 *Phyllostachys viridis*

淡竹 *Phyllostachys glauca*

高羊茅 *Festuca arundinacea*

狗尾草 *Setaria viridis*

凤梨科 Bromeliaceae

凤梨 *Ananas comosus*

芭蕉科 Musaceae

芭蕉 *Ravenala madagascariensis*

美人蕉科 Cannaceae

美人蕉 *Canna indica*

百合科 Liliaceae

麦冬 *Ophiopogon japonicus*

吊兰 *Chlorophytum comosum*

虎皮兰 *Sansevieria trifasciata*

芦荟 *Chlorophytum comosum*

文竹 *Asparagus plumosus*

鸢尾科 Iridaceae

蝴蝶花 *Iris japonica*

石蒜科 Amaryllidaceae

水仙 *Narcissus tazetta* var. *chinensis*

葱兰 *Zephyranthes candida*

君子兰 *Agapanthus africamus*

兰科 Orchidaeae

春兰 *Cymbidium goeringii*

白及 *Bletilla striata*

附录 2

常用植物学教学实验仪器

1. 显微镜

植物学实验中常用普通光学显微镜，是研究植物细胞结构、组织特征和器官构造的不可或缺的重要工具。

2. 解剖镜

植物学实验中还经常使用解剖镜，它是研究植物微小结构，如花器官、表皮毛等的重要工具。

3. 恒温培养箱

调节温度范围通常为 25～60℃，一般用于种子萌发、离析材料、低等植物培养以及制片时的浸蜡等。

4. 人工气候箱

主要用于培养藻类植物、苔藓植物、蕨类植物配子体及种子植物等实验材料及组织培养。

5. 电冰箱

主要用于实验药品、试剂和新鲜材料在低温或冷冻条件下保存。

6. 切片机

主要指旋转切片机，这种切片机是将切片机固定在刀架上，将材料预先用石蜡包埋，切片时将材料放置在夹钳上，利用手摇或电力带动转轮，使刀刃切下所需石蜡切片，这种切片机可以切制连续蜡带。制作石蜡切片，目前多使用这种切片机。

7. 冷冻切片机

通常是在切片机上装一个冷冻装置。

8. 其他常用器具

载玻片：通用的为 25 mm×75 mm，厚度为 1.1～1.5 mm。

盖玻片：常用的有方形或矩形等规格。方形多为 8 mm×8 mm 和 22 mm×22 mm 两种，矩形的多为 22 mm×30 mm 或 22 mm×40 mm 等，厚度均为0.17 mm 的标准厚度。

培养皿：可按需要备有(60～120)mm×15 mm 的各数套。

量筒：一般备有 10 ml、50 ml、100 ml、1 000 ml 的四种即可。

漏斗：可备用上口直径为 55 mm 和 100 mm 的两种。

试管：通用 20 mm×150 mm 大小的试管。

烧杯：备有各种规格(容积在 30～1 000 ml)。

另外还需备有解剖盘、解剖剪、树枝剪、单面刀片、双面刀片、镊子、放大镜、毛笔、酒精灯、纱布等常用器具。

附录 3

常用植物学实验试剂的配制

1. 常用显微镜镜头清洁剂

将乙醚和乙醇按 7∶3 混合，装入滴瓶备用。用于擦拭显微镜镜头上油迹和污垢等(注意瓶口必须塞紧以免挥发)。

2. 常用固定液、离析液

(1) 福尔马林—醋酸—乙醇固定液(FAA)

福尔马林(38%的甲醛)5 ml+冰醋酸 5 ml+ 70%乙醇 90 ml，可用于固定植物的一般组织，固定时间视材料大小而定，通常在 2～24 h 内。幼嫩材料用 50%乙醇代替 70%乙醇，可防止材料收缩；还可加入 5 ml 甘油以防蒸发和材料变硬，FAA 也是很好的保存剂。FAA 固定液不适用于单细胞及丝状藻类。

(2) 卡诺固定液

配方有两种，① 无水乙醇 15 ml+冰醋酸 5 ml；② 无水乙醇 30 ml+氯仿5 ml+ 冰醋酸 1 ml，可对植物组织或细胞进行固定，特点是穿透力快，做组织染色的材料可用卡诺固定液固定，但不能做保存液。

(3) 甘油—乙醇软化剂

甘油 1 份+50%或 70%乙醇 1 份，适用于木材的软化，将木质化根、茎等材料排除空气后浸入软化液中，时间至少一周或更长一些，也可将材料保存于其中备用。

(4) 铬酸—硝酸离析液

铬酸为三氧化铬的水溶液。分别取铬酸和浓硝酸，将两种溶液等量混合均匀后再使用。适于对导管、管胞、纤维等木质化的组织进行解离时使用。

(5) 盐酸—乙醇固定离析液

将浓盐酸、95%乙醇等量混合备用，一般用于离析根尖细胞等幼嫩组织。

(6) 铬酸—醋酸固定液

根据固定对象的不同，可分强、中、弱 3 种不同配方。

弱液配方：10%铬酸 2.5 ml+10%醋酸 ml+蒸馏水 92.5 ml。

中液配方：10%铬酸 7 ml+10%醋酸 10 ml+蒸馏水 83 ml。

强液配方：10%铬酸 10 ml+10%醋酸 30 ml+蒸馏水 60 ml。

弱液用于固定较柔嫩的材料，例如藻类、真菌类、苔藓植物和蕨类的原叶体等，固定时间较短，一般为数小时，最长可固定 12～24 h，但藻类和蕨类的原叶体可缩短为几分钟至 1 小时。

中液用作固定根尖、茎尖、小的子房和胚珠等，固定时间 12～24 h 或更长。

强液适用于木质的根、茎和坚韧的叶子、成熟的子房等。为了易于渗透，可在中液和强液中另加入 2%的麦芽糖或尿素。固定时间 12～24 h 或更长。

(7) 鲁哥固定液

先将 6 g 碘化钾溶于蒸馏水中，搅拌溶解后加入 4 g 碘，待碘溶解后加入 80 ml 蒸馏水即成。这种固定液最适于固定浮游藻类，其使用浓度一般以1.5%为宜。

3. 常用染色液

(1) 番红染液

番红水液：取0.1 g番红溶于100 ml蒸馏水中，过滤后即成0.1%的番红染液。

番红酒液：取0.1 g番红溶于100 ml 50%的乙醇中，过滤后即可使用。

番红是一种碱性染料，可将木质化和角质化的细胞壁及细胞核中的染色质和染色体染成红色。在植物组织制片中常与固绿配合进行对染，是最常用的染色剂之一。

(2) 固绿染液

取0.1 g固绿溶于100 ml 95%的乙醇中，过滤后即可使用。

固绿是一种酸性染料，可将纤维素的细胞壁和细胞质染成绿色。在植物组织制片中常与番红进行对染，是最常用的染色剂之一。

(3) 碘—碘化钾(I—KI)染液

先取3 g碘化钾溶于100 ml蒸馏水中，再加入1 g碘，溶解后即可使用。它能将蛋白质染成黄色。若用于淀粉的鉴定，还需稀释3～5倍。如果用于观察淀粉粒上的轮纹，需稀释100倍以上，观察结果更清晰。

(4) 苏丹III(或Ⅳ)染液

有两种配法：① 取0.1 g苏丹III(或Ⅳ)溶解于20 ml 95%的乙醇中即可。② 先将0.1 g苏丹III(或Ⅳ)溶解在50 ml丙酮中，再加入70%乙醇50 ml，即可使用。染色时可将脂肪、角化、栓化的细胞壁染成橘黄色。

(5) 间苯三酚染液

将5 g间苯三酚溶解于100 ml 95%的乙醇中(注意溶液呈黄褐色即失效)。用来染木质化的细胞壁，在酸性条件下，可使木质化成分变成红色。

(6) 龙胆紫染液

取0.2 g龙胆紫溶于100 ml蒸馏水中。龙胆紫染液是一种碱性染料，可染细胞核、染色质、纺锤丝、线粒体等。现常以结晶紫代替。

(7) 改良苯酚品红染液

为近年来观察植物染色体时新使用的比较理想的染色剂，优点较多，使用方便。配制顺序如下：

A液：取3 g碱性品红溶于100 ml 70%乙醇中(可长期保存)。

B液：取A液10 ml加入90 ml 5%苯酚水溶液中，2周内使用。

C液：取B液55 ml加入6 ml冰醋酸和6 ml 38%甲醛，可长期保存。

染色液：取C液10～20 ml，加入80～90 ml 45%醋酸和1.5 g山梨醇，放置2周后使用，染色效果显著，可普遍用于植物组织的压片法和涂片法，使用2～3年不变质。山梨醇为助渗剂，兼有稳定染色液作用。如果没有山梨醇也能染色，但效果稍差。

(8) 苏木精染液

苏木精是植物组织制片应用中最广的染料，它不仅是很强的核染料，而且染色时可以分化出不同的颜色。它的配方很多，最常用的配方如下。

Ehrlich氏苏木素配方：1 g苏木素，50 ml无水乙醇，60 g明矾(铝钾硫酸盐)，50 ml甘油，50 ml 蒸馏水，5 ml 冰醋酸。

将 1 g 苏木素溶解在 15 ml 无水乙醇中，加 5 ml 冰醋酸，搅拌，加入 50 ml 甘油微热，搅拌，将 60 g 明矾碾碎，溶解于 100 ml 蒸馏水中，同时加热。然后转移到用棉花轻轻塞住口的烧瓶中，暴露在空气和阳光中几个星期，每天震荡溶液。在这个过程中，苏木素被部分氧化。染色时间通常是 15～40 min。

铁矾苏木精配方：① 甲液：铁明矾(硫酸铁铵)4 g＋蒸馏水 100 ml＋冰醋酸1 ml＋ 硫酸 0.12 ml。甲液是媒染剂，必须用时现配，保持新鲜。② 乙液：0.5 ml 苏木精＋100 ml 蒸馏水。先将 0.5 g 苏木精溶于少量 95％乙醇中，待溶解后，再加入蒸馏水 100 ml，瓶口用纱布包扎静置，以防尘通气，使其慢慢氧化，直到溶液变成深红色，时间约一个月或两个月才能氧化成熟，过滤后塞紧瓶塞，静置阴凉处备用。如急用，可加入 3～5 ml 过氧化氢促其氧化成熟。但红色如果消失则已失效。或取苏木精 2 g 溶解于 20 ml 95％乙醇中，过滤作为长期保存的原液。使用时，用蒸馏水稀释，即取原液 5 ml 加入蒸馏水 95 ml，即成 0.5％的苏木精水液。

(9) 曙红染液

取曙红 0.25 g 溶于 100 ml 95％乙醇中。常于苏木精对染，能使细胞质染成浅红色，起衬染作用。

(10) 中性红染液

取中性红 0.1 g 溶于 100 ml 蒸馏水中，用时再稀释 10 倍左右，用于染细胞中的液泡，可鉴定细胞的死活。

(11) 钌红染液

取 5～10 mg 钌红溶于 25～50 ml 蒸馏水中即可。因配后不易保存，应现用现配。钌红是细胞胞间层的专性染料。

(12) 亚甲基蓝染液

取 0.1 g 亚甲基蓝，溶于 100 ml 蒸馏水中即成。常用于细菌等的染色。

4. 其他常用药品的配制

(1) 树胶封固剂

将固体的加拿大胶块溶解于二甲苯或正丁醇中，浓度要适当(注意绝对不能混入水或乙醇)，是玻片标本最好的封固剂。也可用人工合成的中性胶代替。

(2) 明胶粘贴剂

明胶 1～2 g＋石炭酸(苯酚)2 g＋蒸馏水 100 ml＋甘油15 ml。配法：先将蒸馏水加温至 30～40℃，慢慢加入明胶，待全部溶解后，再加入2 g苯酚和 15 ml 甘油，搅拌至全溶为止，然后用纱布过滤，滤液贮存于瓶中备用。

(3) 各级乙醇的配制

由于无水乙醇价格较高，故常用 95％的乙醇配制。配制方法很简便，用 95％的乙醇加上一定量的蒸馏水即可。可按下列公式推算。

所加水量(ml)＝[原乙醇浓度(95％)－最终乙醇浓度]×100

(95％)乙醇的用量(ml)＝最终乙醇浓度×100

各级乙醇配制表

最终乙醇浓度	95%乙醇的用量	蒸馏水用量
85%	85 ml	10 ml
70%	70 ml	25 ml
50%	50 ml	45 ml
30%	30 ml	65 ml

(4) 重铬酸钾清洁剂

玻璃器皿等均应保持清洁，一般用清水洗即可，必要时，可用重铬酸钾清洁剂清洗。器皿在清洁剂中浸泡 10 min，然后清水冲洗即可。常用的清洁剂为重铬酸钾清洁剂，配法如下。

取工业用重铬酸钾 8～10 g 溶于 100 ml 清水中，加热使溶解，待冷却后，再加入工业用浓硫酸 100 ml，注意要用吸管一滴一滴缓慢加入，并随时用玻璃棒轻轻搅拌，并以免产生高热，爆裂玻璃容器。新配制的清洁剂呈葡萄酒色，配好后可盛在有玻璃塞或磨口的玻璃容器内，以防氧化变质。此液可反复使用。当洗液变成墨绿色时，说明其已氧化变质。该液的腐蚀性极强，不要直接与衣物、桌面和皮肤接触。

图版1 常见裸子植物

1~2. 苏铁（*Cycas revoluta*）; 3~4. 银杏（*Ginkgo biloba*）； 5. 黑松（*Pinus thunbergii*）;
6~7. 雪松（*Cedrus deodara*）； 8~10. 池杉（*Taxodium ascendens*）；
11. 侧柏（*Platycladus orientalis*）

图版2　常见被子植物（一）

1~2. 广玉兰（*Magnolia grandiflora*）；3~5. 刺果毛茛（*Ranunculus muricatus*）；
6. 睡莲（*Nymphaea tetragona*）；7~8. 十大功劳（*Mahonia fortunei*）；
9~10. 蚊母树（*Distylium racemosum*）；11. 空心莲子草（*Alternanthera philoxeroides*）；
12. 茶梅（*Camellia sasanqua*）；13. 杜鹃属（*Rhododendron*）

图版3　常见被子植物（二）

1~2. 海桐（*Pittosporum tobira*）; 3~4. 石楠（*Photinia serrulata*）;
5. 贴梗海棠（*Chaenomeles speciosa*）；6. 紫藤（*Wisteria sinensis*）；7. 八角金盘（*Fatsia japonica*）；
8. 蔓长春花（*Vinca major*）；9. 一串红（*Salvia splendens*）；10. 金光菊（*Rudbeckia hybrida*）

图版4　常见被子植物（三）

1. 棕榈（*Trachycarpus fortunei*）; 2. 芋（*Colocasia esculenta*）; 3. 美人蕉（*Canna indica*）
4. 稻（*Oryza sativa*）; 5. 玉蜀黍（*Zea mays*）; 6. 蜘蛛抱蛋（*Aspidistra elatior*）;
7~8. 白蝴蝶花（*Iris japonica*）; 9. 白及（*Bletilla striata*）